KB080497

안 동
문 화
100선

●❷⓪

우
진
웅 禹秦雄

경북대학교 문헌정보학과에서 박사 학위를 받았으며, 경상북도 문화재전문위원을 지냈다. 현재 한국국학진흥원
에서 책임연구위원으로 재직 중이다. 저서와 논문으로 『동양으로부터의 빛, 직지』(공저, 2018), 「한국국학진흥원
소장 유교책판으로 본 조선시대 각수 활동 연구」(2017), 「조선시대 문집 간행의 分定 연구」(2020), 「안동지역
내사본의 전래」(2021), 「향산 이만도의 문집 간행과 출판검열」(2022) 등이 있다.

류
종
승 柳鍾承

1995년 광고사진 전문 스튜디오에서 시작하였다. 안동청년유도회 회원으로 활동하면서 안동의 역사와 전통문화
에 본격적인 관심을 가지게 되었다. 안동문화100선 시리즈의 사진 작업을 비롯하여 지역 관련 사진 작업에 다수
참여하고 있다.

영가지

우진웅 글
류종승 사진

민속원

차례

안동시 전경

들어가며

안동은 빼어난 산천, 걸출한 인물, 풍부한 토산, 아름다운 자연, 기이한 유적이 많이 남아 있지만 『동국여지승람』에 실린 것은 겨우 백에 한둘에 불과하다. 그 나머지는 옛날부터 지금까지 사라진 역사가 몇천 년이 되었는지 모른다. (…중략…) 후에 이 책을 보는 사람들은 참고자료로 삼아서 번잡스러운 것은 없애고 간략한 것은 보충하여 완전한 책으로 이루어진다면 이것은 어찌 나만의 영광일 뿐이겠는가? 우리 한 고장의 크게 다행한 일이 될 것이니, 이것이 진실로 나의 구구한 소망이다.

『영가지』를 편찬한 용만龍巒 권기權紀(1546~1624)가 1608년에 지은 『영가지』 서문序文의 마지막 문장이다. '영가永嘉'는 안동의 옛 지명이었다. '영永'은 즉 두 물줄기가 합해진다는 뜻이고, '가嘉'는 아름답다는 뜻이다. 즉 '영가'는 낙동 강과 반변천이 만나는 지점에 자리한 안동의 지리적 특징을 가장 잘 나타내는 지명이었다. 당시 '안동'이라는 지명이 있었음에도 안동 지리지의 이름을 '안동 지'가 아닌 '영가지'라고 이름 붙인 이유다.

서문에서는 또 당시 『영가지』가 왜 필요한지를 잘 드러내고 있다.

안동은 이 당시에도 자연과 인물, 유적 등 모든 면에서 역사가 깊고 풍부하고 다른 지역에 비해 뛰어나 기록으로 남겨야 할 것이 많았다. 그렇지만 안동에 대한 기록은 이에 미치지 못했고 안동에 대한 기록과 역사가 점점 사라져가는 것이 안타까웠다. 그러므로 『영가지』가 완성되어 후대에 참고가 되었으면 좋겠다고 하였다.

고향으로 돌아온 서애 류성룡의 권유로 1602년부터 시작하여 1608년에 편찬을 마친 『영가지』는 그로부터 414년이 지난 지금까지도 안동의 역사 정보를 가장 잘 알려주는 중요한 참고문헌이 되었다. 잊혀질 수도, 사라질 수도 있었던 당시의 기록뿐만 아니라 1,000년 전, 또는 그 이전의 안동을 안내해주고 있다.

『영가지』

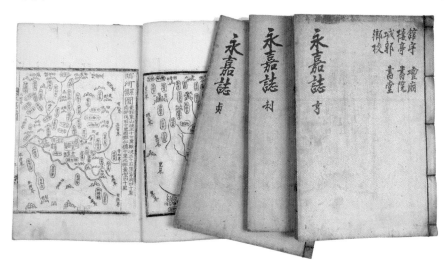

우리나라 지리지의 역사

지리지란 무엇인가?

　지리지는 일정한 항목과 규칙에 따라 정해진 지역의 과거와 현재의 종합정보를 담고 있는 기록물이다. 지도와 더불어 지리지는 국가의 구석구석을 파악하고 다스리기 위한 것이었다. 현대사회의 자동차들이 지리 정보를 안내하는 내비게이션을 주기적으로 업데이트하듯이 조선시대의 지리지와 지도 역시 시대 상황과 변화, 국가나 지방의 통치 철학에 따라 지속적이고 주기적인 업그레이드가 필요하였다.

　지리지와 지도는 혼용하기 쉽다. 지리지는 대부분 문자로 기록하였기 때문에 많은 정보가 들어 있다는 장점이 있지만 한눈에 지역이 확 들어올 수 없다는 단점이 있다. 반면에 지도는 국가나 특정 지역을 한눈에 전체적으로 볼 수 있는 장점이 있으나 지도 안의 문자 기록을 넣는 것은 제한적이므로 많은 정보를 수록할 수 없다는 것이 단점이다. 일부 지리지는 책의 앞부분에 그 지역의 지도를 수록하기도 하지만 흔하지 않다.

　우리나라를 '기록의 나라'라고 한다. 우리 선조들은 다른 어느 나라보다 많

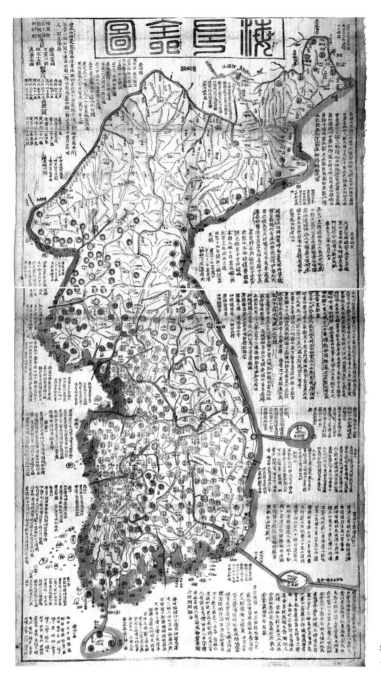

목판 채색 지도
〈해좌전도〉(19세기 중엽)

은 기록을 남겼다. 유네스코 세계기록유산에 등재된 우리나라 기록유산의 순위는 현재까지 아시아에서 가장 앞선다. 세계에서도 다섯 손가락 안에 꼽힌다. 『직지심체요절』, 『조선왕조실록』, 『승정원일기』, 『일성록』, 고려대장경, 『훈민정음』 등은 세계가 인정하는 우리의 기록유산이다.

조선시대에 제작된 지리지 또한 매우 중요한 기록유산이다. 조선은 세계 어느 나라보다 지리지의 제작이 성행했던 나라였다. '지지', '지리서'라고도 불리는 지리지는 어떤 지역의 인문, 지리, 자연, 역사 등의 종합정보를 일정한 항목을 두어 서술 규칙에 따라 체계적이고 종합적으로 정리한 것이다. 우리나라의 지리지는 주로 국가 전체나 지방 감영의 관할지, 감영에 소속된 하위 고을 등에서 제작되었다.

우리나라에서 지리지가 발달한 이유는 조선 초기 풍수지리 사상 및 통치 구조와 관련이 있다. 즉, 중앙 정부는 정치, 경제, 국방 등 전국을 효율적으로 다스리기 위한 하나의 방편으로 지리지를 제작하였다. 조선은 지방의 모든 고을마다 국왕 또는 중앙 정부를 대리하기 위한 지방관을 파견하면서 국가를 다스린 중앙 집권 국가였다. 중앙 정부는 지방 각 고을의 토지와 인구, 자연과 산업, 제반 시설 등의 모든 정보를 확보하여 효율적으로 국가를 통치하고자 하였다. 그러므로 통일된 체계와 항목에 따라 전국 각지의 정보를 정리한 지리지가 절실히 필요하였다. 이 과정에서 감영과 같은 지방 정부는 각 도道 마다 지리지를 제작하여 중앙 정부에 제공하였다. 또한 각 감영에 소속되어 있는 고을은 해당 고을의 지리지인 읍지를 제작하여 감영에 제공하였다.

지리지는 일정한 주제를 상위 항목으로 두고 지역별로 하위 항목으로 두어 서술한 주제별 지리지와 반대로 지역 단위별로 상위 항목으로 두고 하위 항목에 주제에 따라 서술한 지역별 지리지가 있다. 이중 우리나라에서 가장 발달한 지리지는 지역별 지리지이다. 지역별 지리지는 다시 그 규모에 따라 전국 지리지와 도道 지리지인 지방지, 각 고을 지리지인 읍지로 나누어진다. 또한 지리지는 누가 주체가 되어 편찬하였느냐에 따라 관찬官撰 지리지와 사찬私撰

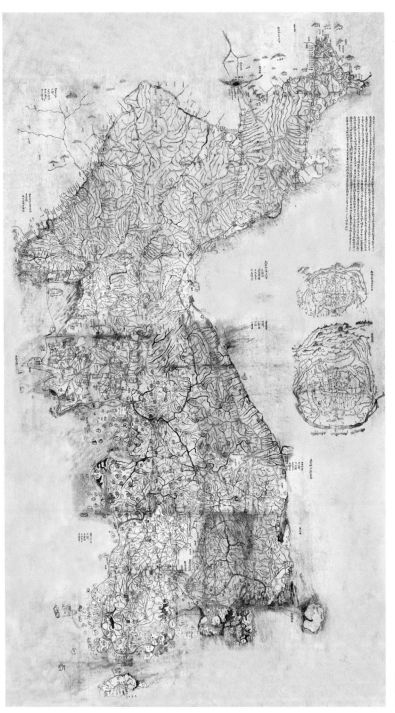

〈도성팔도지도〉
(18세기,
한국국학진흥원 소장,
풍산류씨 화경당)

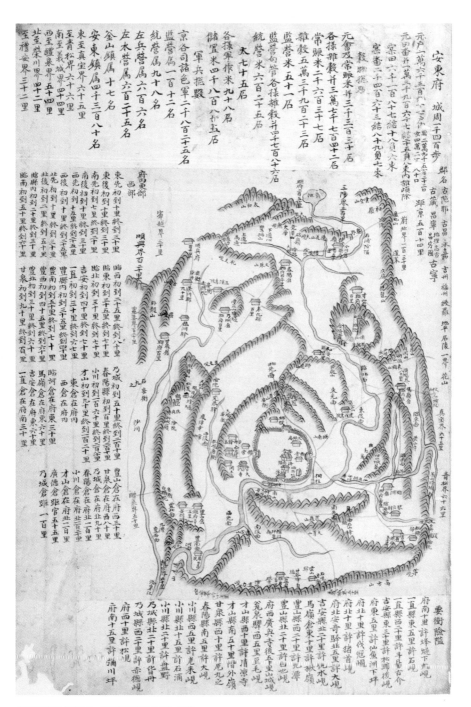

〈해동지도〉(18세기, 규장각한국학연구원 소장)

지리지로 구분된다. 쉽게 말해, 관찬 지리지는 국가나 지방의 기관, 중앙 관청이나 지방 관청에서 주도하여 만든 것으로 국가나 지방의 통치를 위한 목적으로 편찬하였다. 지역을 나누어 지역의 건치 연혁, 군명郡名, 성씨, 인물, 산물 등의 일정한 항목을 두어 백과사전식으로 서술하였다. 사찬 지리지는 주로 개인이나 지역 사회가 주체가 되어 필요에 따라 만들어진 것이다.

삼국시대나 통일신라시대에도 어떤 형태로든 지리지가 존재했을 것이지만 현재까지 전해지고 있는 지리지는 없다. 다만 『삼국사기』와 『삼국유사』에 등에는 백제와 신라시대에도 지리지가 존재했을 것으로 추정되는 기록이 있다.

중국 후한後漢의 반고班固가 저술한 역사서인 『한서漢書』 120권 중 제26권에는 지리지가 수록되어 있다. 이 책은 우리나라에 전래되어 『삼국사기』나 『고려사』를 편찬하는 데 많은 영향을 주었다. 김부식이 인종仁宗의 명을 받아 1145년경에 편찬한 『삼국사기』는 삼국의 위치와 지명, 지방의 연혁 등을 담은 현재 전하는 가장 오래된 통사적 역사서이자 국가 공인 역사서이다. 전체 50권 10책 분량이다. 이 책의 잡지雜志 9권 중 제3권부터 제6권까지는 신라, 고구려, 백제 각 나라의 행정 단위별로 지역의 연혁이 수록되어 있다. 제3권부터 제5권까지는 통일신라의 행정 단위를 기준으로 이전의 고을 연혁을 기록하였고, 제6권은 고구려와 백제를 주로 옛 지명으로 나열하여 기록하였다.

1449년에 편찬을 시작하여 1451년에 완성한 『고려사』는 전체 139권 중 제56권부터 제58권까지 3권이 지리에 해당한다. 여기에는 고려의 중앙 및 지방 행정 구역의 이름과 연혁 등이 간략히 기록되어 있다.

『삼국사기』와 『고려사』는 우리나라를 대표하는 역사서이면서도 이처럼 지리지로서의 성격도 일부분 갖추고 있으므로 지리지에 포함되기도 한다. 그렇지만 통사적 역사서의 일부분에 해당하기 때문에 독립된 형태의 지리지라고 하기에는 한계가 있을 것이다.

신찬팔도지리지와 세종실록지리지

조선의 3대 왕인 태종太宗은 왕권을 강화하기 위해 강력한 중앙 집권 정책을 추진하였다. 전국을 8도로 정비해 지방마다 수령을 파견하였고, 고을의 규모에 따라서 지방관의 품계를 조정하였다. 또한 작은 고을을 병합하여 330여 개의 군현을 두는 등 조선 초기 효율적인 통치를 위한 기반을 마련하였다. 이 과정에서 지리지의 편찬도 필요하였다.

조선 최초의 전국 지리지인 『신찬팔도지리지』의 편찬은 각 고을의 자세한 정보를 확보하여 전국을 효율적으로 통치하기 위한 조선 왕조의 정책 의지를 보여준다. 태종과 세종을 거치면서 국

실록에서의 『신찬팔도지리지』 기록

가 기반이 자리 잡히고 어느 정도 사회 질서가 안정기로 접어들면서 중앙집권적인 통치체제를 구축하고자 하였다. 태종 이후 왕위를 계승한 세종은 여러 가지 제도를 정비하면서 신하들에게 지리지 편찬의 중요성에 대해 적극적으로 언급하였다. 그리하여 세종은 1424년(세종 6) 대제학 변계량卞季良에게 조선 전역의 지리와 고을마다 연혁을 편찬하여 올리라고 명령하였다.

> 옛날 노인이 점점 드물어지니 문적을 안 남길 수가 없다. 본국의 지지地誌와 주·부·군·현의 고금古今 연혁을 찬술해 보려고 한다. 그러나 지금 춘추관은 다른 일이 많기 때문에 지지를 편찬할 수 없으니, 우선 주·부·군·현 연혁을 편찬해 보라. (『세종실록』 1424년 11월 15일)

이후 1425년(세종 7)에 경상도 감영에서 『경상도지리지』의 편찬을 시작하였고, 1432년(세종 14)에는 전국 지리지 모두가 완성되어 세종에게 올려졌다.

영춘추관사 맹사성孟思誠, 감관사監館事 권진權軫, 동지관사同知館事 윤회尹淮, 신장申檣 등이 새롭게 지은[新撰] 팔도지리지八道地理志를 임금께 올렸다. (『세종실록』1432년 1월 19일)

『신찬팔도지리지』는 현재 전해지지 않아 이때 편찬한 지리지의 정확한 명칭이 무엇인지 알 수 없다. 다만 위와 같이 『실록』에 '새로 지은 팔도지리지[新撰 八道地理志]'라는 용어가 있기 때문에 이때 편찬된 지리지의 이름을 흔히 '신찬팔도지리지'라 일컫게 되었다.

『신찬팔도지리지』의 실물은 전해지지 않지만, 1425년 경상도 감영에서 편찬한 『경상도지리지』의 초고본은 현재 규장각에 전해진다. 『경상도지리지』는

『경상도지리지』
(1425, 규장각한국학연구원 소장)

『신찬팔도지리지』를 만들기 위해 전국 팔도에서 제작했던 지리지 중 유일하게 남아 있는 것이다. 이 책의 서문에 의하면, 춘추관과 예조는 세종의 뜻을 받들어 일정한 형식과 규칙을 마련하고 각 도에서 지리지를 편찬하여 올려보내도록 하였다. 이에 따라 『경상도지리지』는 원본 한 부과 필요에 따라 부본 한 부를 만들어 한 부는 춘추관으로 보냈고, 한 부는 당시 경주부에 있었던 경상도 감영에 보관하였다. 『경상도지리지』는 부본 한 부를 추가로 만들어 감영에서 보관했기 때문에 지금까지 유일하게 전해져 온 것으로 추정된다.

이렇게 전국 8도의 지리지를 모아서 1432년에 완성하여 춘추관에 보관한 『신찬팔도지리지』는 1454년(단종 2) 『세종실록』을 편찬하면서 약간의 수정과 보완을 거쳐 부록의 형태로 수록되었다. 이 지리지가 바로 『세종실록지리지』이다. 『세종실록지리지』는 1454년(단종 2) 세종의 업적을 기리기 위해 『실록』에 지리지를 부록으로 넣어야 한다는 의견에 따라 국가 통치에 필요한 여러 분야의 나라 상황을 파악하기 위해 『경상도지리지』와 『신찬팔도지리지』를 수정·증보하여 부록으로 추가하였다.

우리에게 친숙한 노래인 '독도는 우리 땅'의 4절에 들어 있는 『세종실록지리지』는 이 『세종장헌대왕실록』의 제148권부터 제155권까지 8권에 걸쳐 수록된 지리지이다. 『세종실록지리지』는 『신찬팔도지리지』를 기본으로 하면서 1419년(세종 1)부터 1432년(세종 14)까지 추가로 수록하였고, 당시 압록강과 두만강 유역의 변화도 일부 반영하였다.

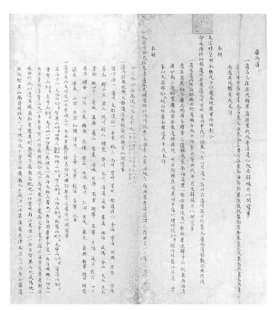

『경상도지리지』(1425)의 본문

동국여지승람과 신증동국여지승람

조선은 태조에서 세조까지 4대 왕을 거치면서 유교 국가의 면모를 확고하게 갖추게 되었으며, 통치 기반도 어느 정도 확립되어 갔다. 그러면서 지리지의 편찬 배경도 조금씩 변화가 있었다. 세조는 양성지梁誠之에게 팔도의 지지와 지도를 편찬하도록 하여 1477년(성종 8)에 『팔도지리지』를 완성하고, 1478년(성종 9) 정월에 임금에게 올렸다. 그러나 이때 제작한 『팔도지리지』는 현재 전해지지 않는다. 또, 양성지는 산천의 모양과 각 지역의 연혁 등을 수록한 『동국승람東國勝覽』을 저술하였다. 『동국승람』은 이후 『동국여지승람東國輿地勝覽』을 만드는데 기초가 되었다. 1454년(단종 2)에 제작된 『세종실록지리지』가 주로 국가를 통치하기 위한 목적의 성격이 강하였다면, 『동국여지승람』은 우리나라의 역사와 문화, 인물을 더 비중 있게 다루었다는 것이 특징이다.

『동국여지승람』(규장각한국학연구원 소장)

　세종대의 지리지가 정치, 경제, 국방, 행정 등을 위한 통치적 측면이 강조되었다면 성종대의 지리지는 인물과 예속, 시문 등 인문 문화적 성격이 더욱 강조되었다.

　우리나라 최초의 정통적인 지리지라 할 수 있는『동국여지승람』은『동국승람』을 기초로 하여『동문선』등에 실린 우리나라 역대 뛰어난 문장가들의 시문인 동국시문東國詩文을 추가하여 1481년(성종 12)에 50권으로 완성하였다. 이후 1528년(중종 23)에 착수하여 1530년(중종 25)에는『동국여지승람』을 새롭게 증보해 55권으로 제작되었는데, 이 책이 『신증동국여지승람新增東國輿地勝覽』
이다. 『신증동국여지승람』은 조선 전기 지리지를 대표하는 전국 지리지의 완
성판이라고 할 수 있다.

이때 지도는 목판으로 찍어냈으며 본문은 금속활자로 인출하였다.

권1~2는 경도京都, 권3은 한성부, 권4~5는 개성부, 권6~13은 경기도, 권14
~20은 충청도, 권21~32는 경상도, 권33·40은 전라도, 권41~43은 황해도, 권
44~47은 강원도, 권48~50은 함경도, 권51~55는 평안도가 수록되어 있다. 권
1의 본문 앞에는 전국 지도인 '팔도총도八道總圖'가 수록되어 있으며 각 도의
맨 앞에는 도별 지도가 들어 있다.

지역별 항목은 모두 일치하는 것은 아니지만 대체로 다음과 같은 순으로 이
루어진다.

건치연혁建置沿革, 진관鎭管, 관원官員, 군명郡名, 성씨姓氏, 풍속風俗, 형승形勝,
산천山川, 토산土産, 성곽城廓, 관방關防, 봉수烽燧, 누정樓亭, 궁실宮室, 학교學校,
창고倉庫, 역원驛院, 교량橋梁, 불우佛宇, 사묘祠廟, 능묘陵墓, 총묘塚墓, 고적古蹟,
명환名宦, 인물人物, 제영題詠

『신증동국여지승람』의 본문에서 가장 특징적인 것은 『동국여지승람』의 내
용에서 새롭게 추가한 것은 항목마다 '신증新增'이라고 표시한 것이다. 또, 이
전의 지리지에 수록되었던 교통, 산업, 호구 등의 내용이 사라졌고, 인물 항목
에 열녀와 효자를 포함하여 유교적 윤리를 더욱 강조하였으며, 제영題詠과 같
은 시문 항목도 많은 부분을 차지한다.

『신증동국여지승람』의 초간본은 임진왜란으로 많은 책이 소실되어 전쟁이
끝난 1611년에 초간본을 번각하여 다시 간행하였다. '번각'은 책에 들어갈 문
자를 새롭게 쓰지 않고 이전에 나온 책의 해당 장을 분리해 목판에 뒤집어 붙
여 새기는 것이다. 『신증동국여지승람』은 1611년에 간행된 판본이 국내에 일

新增東國輿地勝覽卷之十二

長湍都護府

距京都一百四十七里

郡東至朔寧郡界五十里至
海道牛峯縣界三十六里至積城縣界
四十五里西至豐德郡界
三十里北至黃

建置沿革 本高勾麗長淺城縣一云耶耶一云夜牙新
羅景德王改今名為牛峯郡領縣高麗
穆宗四年以侍中韓彦恭之鄉陞為湍
州顯宗九年復為長湍縣置令為尚書

壽寧

金礩

金紺

權佺

權健

新增 權專

沈膺

康津

林葵

권극화 權克和

金

『신증동국여지승람』(규장각한국학연구원 소장)

'신증新增'이 표기된 『신증동국여지승람』

부 전해지며, 이후에는 이 책을 다시 번각의 형태로 여러 차례 간행되어 현재까지 전해진다. 또한 민간에서도 지리지의 필요성이 점점 높아지자 목판본을 그대로 베낀 필사본의 형태로 제작한 것도 많이 전해진다. 필사본은 『신증동국여지승람』과 내용은 거의 같으나 지도 부분은 당대의 시대적 상황에 따라 변화된 것도 볼 수 있다.

조선 후기 지리지와 읍지

조선 후기 지리지 제작

조선 후기 조정에서는 『동국여지승람』을 뛰어넘는 새로운 전국 지리지의 편찬에 대한 논의가 있었으나 여러 차례 논의에도 불구하고 국가가 주도한 전국 지리지의 편찬 사업은 큰 결실을 얻지 못했다. 1757년(영조 33) 홍양한洪亮漢(1719~1763)은 『여지승람』이 나온 지 수백 년이 지났으므로 새로운 전국 지리지를 편찬해야 한다고 건의하였다.

홍문관에서는 왕명을 받들어 팔도의 감사에게 도가 관장하는 지역마다 읍지를 올려보내도록 하였고, 이를 모아서 1757년부터 1765년까지 편성하여 55책 분량의 『여지도서輿地圖書』가 제작되었다. 『여지도서』는 『동국여지승람』을 기초로 하면서 지역의 기반 시설, 부세, 군병 등의 항목을 추가하였다. 그러나 『여지도서』는 필사된 성책만 남겼고, 목판본이나 활자본으로 간행하여 전국적으로 보급하지 않았기 때문에 대중적인 영향력은 없었다. 이후 1770년에는 조선의 각종 문물제도를 분류하고 정리한 백과사전인 100권 40책 분량의 『동국문헌비고』가 편찬되었다. 이 책에는 신경준申景濬(1712~1781)이 주도하여 저술한 지리지인 17권 7책의 『여지고輿地考』가 수록되어 있다. 주제별 지리지에 해당하는 『여지고』는 금속활자로 찍어 배포하였기 때문에 비교적 많은 판본이 전해진다.

조선 후기에 이르러서는 국가가 주도한 관찬 지리지의 간행은 활발하지 않았으나 개인이 주도하여 만든 사찬 지리지의 편찬은 성행하였다. 조선 후기 사찬 지리지는 주로 실학자들이 우리나라의 국토 정보를 규명하기 위한 목적으로 제작하였으며, 백과사전식의 항목별 기술에서 벗어나 실용성 있는 설명 위주의 서술 형식을 보였다.

우리나라 최초의 사찬 지리지는 반계磻溪 유형원柳馨遠(1622~1673)이 여러 읍지를 참고하여 1656년 이전에 편찬한 『동국여지지東國輿地誌』이다. 『동국여지지』는 1500년대 후반부터 성행했던 사찬 읍지를 종합하여 만든 전국 지리지이다. 유형원은 당시 성행하였던 읍지가 지니는 지역적인 한계를 넘어 전국적으로 범위를 넓혀 각 지역의 역사와 지리를 파악하기 위해 이 책을 편찬하였다.

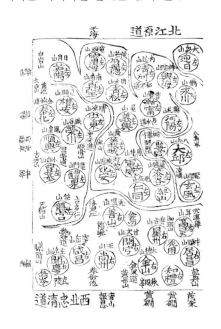

기타 조선 후기 사찬 지리지는 이중환의 『택리지擇里志』(1751), 신경준의 『강역고疆域考』, 『도로고道路考』(1770), 정약용의 역사지리서 『아방강역고我邦疆域考』(1811) 등이 제작되었다. 또한 김정호는 1820년대에 『여지편고』, 1840년대에는 『동여도지東輿圖志』, 1850년대에는 『여도비지輿圖備志』를 편찬하였고, 1861년에는 대동여지도와 함께 미완성의 『대동지지大東地志』를 편찬하였다.

조선 초기 효율적인 국가 통치를 위

『여재촬요』의 경상도 지도

한 목적으로 국가에서 전국 지리지를 편찬하였다면, 조선 중기로 넘어오면 실학의 영향을 받아 지역별 읍지 편찬이 유행하였다. 또한 조선 후기에는 사찬 전국 지리지의 간행도 증가하였다.

1614년에 이수광이 편찬한 『지봉유설芝峰類說』은 서양 세계를 소개한 세계 지리지이고, 한백겸韓百謙의 『동국지리지東國地理誌』(1615년경)는 실학사상의 기초가 된 역사지리지이다. 이후 오횡묵吳宏默이 『여재촬요輿載撮要』(1893), 장지연張志淵의 『대한신지지大韓新地誌』(1907), 김홍경金鴻卿의 『중등만국신지지中等萬國新地志』(1907) 등의 교육용 지리서가 다양하게 편찬되었다.

일제강점기에 제작된 지리지 중 가장 대표적인 『조선환여승람朝鮮寰輿勝覽』은 충남 공주 출신의 학자인 이병연李秉延(1894~1977)이 1910년부터 1937년까지 전국 241개 군 중에서 129개 군의 인문, 지리를 직접 조사하여 편찬하였다. 일제의 지독한 감시와 경제적인 문제 등 여러 사정이 겹쳐 129개 군 중에서 26개 군에 관한 책만 간행되었고, 나머지는 필사본으로 전해오다가 1990년대에 발견되었다. 『조선환여승람』은 모두 49개의 항목으로 구성되어 있는데, 이는 『신증동국여지승람』(31개), 『대동지지』(42개)의 항목보다 많다. 목판과 목활자를 함께 사용하여 인쇄하였다.

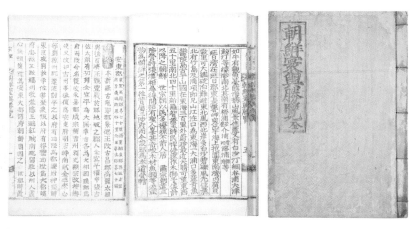

『조선환여승람』

읍지 편찬의 유행

읍지는 지방 행정 단위인 부목군현府牧郡縣과 기타 하위 지역의 역사와 현황, 정보를 담은 종합 지역 지리지이다. 읍지는 지방 관료가 통치를 위한 정보를 획득하는 목적도 있었지만 지역 사회를 교화하기 위한 목적도 점점 중시되었다. 조선시대 편찬된 최초의 사찬 읍지는 1507년에 이자李耔(1480~1533)가 편찬한 경북 의성 지역의 지리지인『문소지聞韶誌』로 알려져 있으며, 현재 전하는 가장 오래된 읍지는 한강寒岡 정구鄭逑(1543~1620)가 1587년에 편찬한 경상남도 함안 지역의 지리지인『함주지咸州誌』이다.

앞에서 다룬 조선 전기의 전국 지리지는 각 고을에서 조사하여 올린 읍지를 바탕으로 해서 만들어졌을 것이나 당시에 만들어진 읍지는 현재 거의 남아 있지 않다.

1530년『신증동국여지승람』의 간행을 끝으로 조선 전기 국가 주도의 전국 지리지 편찬 사업은 사실상 마무리되었다. 16세기 후반부터는『동국여지승람』을 모델로 하여 각 고을의 수령과 관료, 지방의 유력 사림과 학자들이 중심이 되어 읍지의 편찬이 본격화되었다.

조선 중후기로 내려오면서 읍지의 편찬은 더욱 유행하였다. 이전에 만들어졌던『신증동국여지승람』은 주로 역사와 문화에 비중을 두었기 때문에 실질적으로 지방 통치와 지역 정보에 필요한 교통, 산업, 인구, 군사, 세금 등 사회 경제적인 요소를 파악하기에는 충분하지 않았다. 임진왜란과 병자호란 등의 큰 전쟁을 겪으면서 국토는 황폐해졌고, 기반 시설마저 파괴된 상황 속에서 민심을 수습하고 사회를 안정시키기 위해서는 마치 조선 초기 전국 지리지의 편찬 동기와 같이 통치 수단으로서의 지리지를 새롭게 정비할 필요성이 있었다.

또한 향약을 통해 문중을 결속하고 지역적 기반을 다졌던 지역의 유력 사림과 지식인들은 읍지의 제작을 통하여 향촌 사회의 위상을 확립하고 문중을 선양하고자 하였다. 지역의 풍속 교화와 군사 방어의 목적도 있었다.

읍지의 편찬은 대부분 수령이나 권력자들의 요구로 지역 사회에서 지식과 학문이 뛰어나고 지역 내 사정을 잘 아는 인물이 중심이 되었으며, 지역적으로는 경상도와 전라도를 중심으로 성행하다가 전국으로 확대되었다.

관서 지방에서는 『연안지延安誌』, 『평양지平讓誌』, 『기자지箕子誌』 등을 편찬한 윤두수尹斗壽(1533~1601)를 시작으로 하여 기호 학문을 계승한 서인西人이 주도하였다. 남부 지방에서는 퇴계退溪 이황李滉(1501~1570)의 제자들이 중심이 되어 편찬이 이루어졌다. 특히 한강 정구는 수령으로 부임하는 곳마다 통치와 교화를 위한 방편으로 읍지 편찬에 힘을 쏟았다. 『창산지昌山誌』(1581), 『동복지同福誌』(1584), 『함주지咸州誌』(1587), 『통천지通川誌』(1592), 『임영지臨瀛誌』(1593), 『관동지關東誌』(1596) 등은 모두 한강 정구에 의해 편찬된 읍지이다.

또한 17세기부터는 당대 영남학계를 대표하는 학자인 여헌旅軒 장현광張顯光(1544~1637)의 제자들이 중심이 되어 영남 지역의 읍지 편찬이 활발하게 진행되었다. 장현광은 조선의 역사와 자연 지리에 관심이 많았으며, 후학들에게는 항상 문헌과 역사 지리의 중요성을 일깨워 주었는데 이러한 영향으로 그의 제자들은 많은 읍지를 편찬하였다.

16세기부터 17세기 초기까지 제작된 읍지를 보면, 다음과 같다.

연안지延安誌(1581), 황해도 연안, 윤두수尹斗壽

창산지昌山誌(1581), 창녕, 정구鄭逑

동복지同福誌(1584), 동복, 정구鄭逑

함주지咸州誌(1587), 함안, 정구鄭逑

평양지平壤誌(1590), 평양, 윤두수尹斗壽

통천지通川誌(1592), 통천, 정구鄭逑

임영지臨瀛誌(1593), 강릉, 정구鄭逑

관동지關東誌(1596), 강원도, 정구鄭逑

숭선지嵩善誌(1601), 선산, 노경임盧景任

성천지成川誌(1603), 평안도 성천, 이상의李尙毅

영가지永嘉誌(1608), 안동, 정구鄭逑. 권기權紀

상산지商山誌(1617), 상주, 이준李埈

승평지昇平誌(1618), 순천, 이수광李粹光

호산록湖山錄(1619), 서산, 한여현韓汝賢

강동지江東誌(1626), 평안도 강동

구성지龜城誌(1626), 지례, 이전李㙉

일선지一善誌(1630), 선산, 최현崔晛

진양지晉陽誌(1632), 진주, 성여신成汝臣

수성지水城誌(1633), 강원도 고성, 이식李植

문소지聞韶誌(1634), 의성, 이민환李民寏

동경지東京誌(1638), 경주, 권응생權應生, 정극후鄭克後

운창지雲窓誌(1640), 단성, 이시분李時馪

선사지仙槎誌(1640), 울진, 신열도申悅道

송도지松都誌(1648), 개성, 김육金堉

밀주지密州誌(1650), 밀양, 조임도趙任道

밀양지密陽誌(1652), 밀양, 신익전申翊全

경산지京山誌(1652), 성주, 도세순都世純

탐라지耽羅誌(1653), 제주, 이원진李元鎭

천령지天嶺誌(1656), 함양, 정수민鄭秀民

문소지聞韶誌(1656), 의성, 신열도申悅道

옥산지玉山誌(1660), 인동, 장학張㙾

양양지襄陽誌(1661), 예천, 안응창安應昌

척주지陟州誌(1662), 삼척, 허목許穆

영천지榮川誌(1663), 영주, 김응조金應祖, 허목許穆

경산지京山誌(1677), 성주, 이원정李元禎

오산지鰲山誌(1677), 청도, 이중경李重慶

북관지北關誌(1693), 함북, 신여철申汝哲

강도지江都誌(1694), 강화, 이형상李衡祥

동경잡기東京雜記(1699), 경주, 이채李埰

용성지龍城誌(1699), 남원, 이도李燾, 최여천崔與天 등

현전 가장 오래된 읍지, 함주지

경남 함안 지역의 지리지인 『함주지』는 한강 정구가 함안군수로 재직했을 때인 1587년에 편찬한 것으로 현재 전해지고 있는 조선시대 사찬 읍지 중에서 가장 오래된 것으로 알려져 있다. 정구는 퇴계 이황과 남명 조식에게 수학하였고, 20세인 1563년에 향시에 합격하였다. 중앙과 지방 수령에 여러 차례 부름을 받았으나 대부분 사양하거나 수락한 벼슬도 부임 후 얼마 되지 않아 물러났다. 벼슬에 대한 큰 욕심이 없었다. 그는 지방의 수령으로 부임할 때마다 그곳의 지리지를 편찬하였는데, 1580년 창녕현감으로 있을 때 있으면서 『창산지昌山誌』를 편찬하였고, 1584년에는 동복현감으로 있으면서 『동복지同福誌』를 편찬하였다.

『함주지』의 편찬은 정구의 주도 아래 이여선李汝宣, 박제인朴齊仁, 이칭李偁, 이정李瀞, 오운吳澐 등 지역 유력 인물들의 도움을 받아 완성하였다. 이들은 모두 남명 조식의 문인이다. 오운은 1586년에 함안으로 귀향하여 겨울 함안군수로 부임한 정구를 도와 『함주지』 편찬에 주도적으로 참여하였다.

『함주지』는 『신증동국여지승람』을 참고하였으나 역사, 문화, 인물 등 새로운 항목을 추가하였다. 『신증동국여지승람』에는 함안의 항목 수가 22개의 항목으로 구성되어 있으나 『함주지』는 두 배 가까이 많은 40개의 항목으로 구성되어 있어 더욱 상세하게 기술되어 있음을 알 수 있다. 특히 각리各里, 호구戶口,

『함주지』(규장각한국학연구원 소장)

전결田結, 제언堤堰, 군기軍器 등 『신증동국여지승람』에 없는 항목을 추가하였고, 경계와 지리, 거주민의 신분, 풍속 등에 대하여 세부 지역까지 상세히 조사해 기록하였다. 하나의 항목 안에서도 풍부한 정보를 담고 있다.

　예를 들어 『신증동국여지승람』은 인물과 관련된 항목에 명환名宦, 인물人物, 우거寓居, 효자孝子의 4개 항목으로 되어 있으나 『함주지』는 임관任官, 명환明宦, 성씨姓氏, 인물人物, 우거寓居, 유배流配 선행善行, 규행閨行, 현행見行, 문과文科, 무과武科, 사마司馬 등 11개 항목으로 구성하였다.

『함주지』의 내용 구성(40항목)

경사상거京師相距, 사린강계四隣疆界, 건치연혁建置沿革, 군명郡名

형승形勝, 풍속風俗, 각리各里, 호구전결戶口田結, 산천山川

토산土産, 관우館宇, 성곽城廓, 단묘壇廟, 학교서원學校書院

역원驛院, 군기軍器, 봉수烽燧, 제언堤堰, 관개灌漑, 정사亭榭

교량橋梁, 불우佛宇, 고적古蹟, 임관任官, 명환明宦

성씨姓氏, 인물人物, 우거寓居, 유배流配, 선행善行

규행閨行, 현행見行, 문과文科, 무과武科, 사마司馬

총묘塚墓, 정표旌表, 책판冊板, 제영題詠, 총담叢談

『함주지』는 이어서 편찬된 안동의 지리지인『영가지永嘉誌』, 진주의 지리지인『진양지晉陽誌』등 영남 지역 여러 읍지를 편찬하는데 모범이 되었으며, 이후 사찬 읍지가 전국적으로 유행하고 확대할 수 있는 계기가 되었다.

영가지와 서애 류성룡

『영가지』의 편찬을 위한 첫걸음은 임진왜란 후 당대 최고의 벼슬에서 물러나 안동 하회마을로 귀향한 서애 류성룡(1542~1607)에 의해 시작되었다.

류성룡은 1542년 황해도관찰사 류중영柳仲郢(1515~1573)과 안동김씨 김광수金光粹의 딸 사이 의성 사촌마을에서 태어났다. 현재 경상북도 의성군 사촌리이다. 그는 독서를 하면 한 번 본 글자는 모두 외워 잊어버리는 일이 없을 정도로 두뇌가 명석해 스승인 퇴계 이황은 "이 사람은 하늘이 내린 사람이다"라고 극찬하였다. 1566년 과거에 급제한 류성룡은 1568년에 즉위한 선조宣祖의 총애를 받아 중앙 관직을 두루 거치면서 엘리트 코스를 밟으며 승승장구했다. 당시 극심한 당쟁 속에서도 그는 올바른 처신으로 크게 피해당하지 않았고, 1590년에는 국가 정책을 관장하는 가장 높은 벼슬인 우의정에 임명되었다.

서애 류성룡 표준영정
(국립현대미술관, 최광수 작)

하회마을

이웃 나라 일본은 전국시대가 끝나고 도요토미 히데요시가 집권하면서 조선을 침략하기 위한 야욕을 드러내고 있었다. 류성룡은 지역마다 국방을 강력히 하여 미리 전쟁에 대비하고자 하였으며, 1591년에는 권율權慄과 이순신李舜臣을 추천하여 등용하였다. 이순신은 정읍현감에서 전라좌수사로 7등급 승진하였다. 파격적인 인사였다. 류성룡은 이듬해 1592년에 임진왜란이 일어나자 전쟁의 책임을 물어 탄핵으로 잠시 파직되었다가 다시 영의정에 올라 4도 도체찰사를 겸하면서 국방과 내정을 총괄하였다.

임진왜란이 끝날 무렵 1598년 명나라 사신 정응태丁應泰는 "조선과 일본이 힘을 합쳐서 명나라를 공격하려고 한다"라고 없는 사실을 명나라 조정에 보고한 사건이 있었다. 류성룡은 이 사건을 변명하기 위해 명나라에 가지 않았다고 주장한 북인들의 탄핵으로 영의정에서 파직되어 1599년에 귀향했다. 이후 복직되었으나 더 뜻을 두지 않았다.

『징비록』(한국국학진흥원 소장, 풍산류씨 하회 충효당)

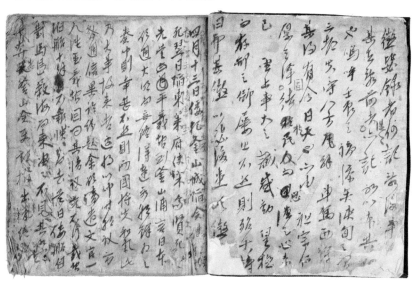

류성룡은 1599년부터 고향에 머물면서 많은 책을 저술하였다. 임진왜란의 과정을 자세하게 기록하여 후세들에게 교훈을 주고자 한 『징비록』도 그 중에 하나였다.

『징비록』은 1599년부터 집필을 시작하여 1604년에 완성했다. 또한 전란 속에서 극심한 가난과 질병에 시달리고 있었던 지역 백성들을 구제하기 위해 자신의 의학적 지식과 여러 의학서를 참고하여 침구학 관련 의학서인 『침경요결 鍼經要訣』을 저술하였다. 류성룡은 몇 년 동안 안동과 여러 곳을 돌아다니며 이런저런 지역의 사정들을 두루 살펴보았다. 그러던 중 고향 안동에 아직 지리지가 없다는 것을 아쉬워하면서 틈틈이 안동의 지리지 편찬을 위해 큰 틀을 구상하였다.

서애 **류성룡**의 의학서 『**침경요결**』

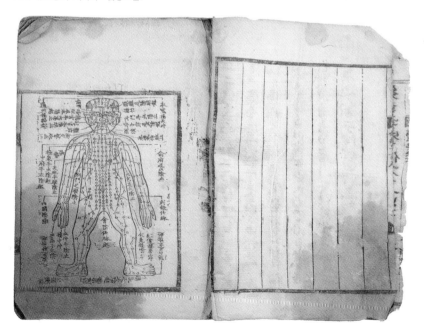

당시에 안동은 인구나 규모, 자연환경, 역사, 인물, 유적 등 모든 면에 있어서 다른 지역에 비해 부족한 면이 없었다. 역사도 깊고 화려했던 큰 도시였다. 그런데도 70여 년 전 국가에서 편찬한 『신증동국여지승람』에서는 안동의 구석 구석마다 자세하게 기록되어 있지 않았고, 그 사이 지역의 사정도 많이 달라졌다. 임진왜란으로 안동의 땅은 황폐해졌고, 안동의 많은 유적과 기록물들도 사라졌다. 지리적으로나 자연적으로도 많은 환경 변화도 있었을 것이다. 무엇보다 안동의 과거와 현재의 종합정보를 기록해서 현재를 위해, 후대를 위해 남겨두어야 할 필요성이 있었다. 또한 16세기 이후에는 안동 출신의 학자, 관료 등 걸출한 인물들이 많이 배출되었기 때문에 이러한 최근 사정까지 업그레이드할 필요성이 있었다. 지리지의 편찬이 절실하였다. 16세기 말부터 고을마다 지리지의 간행이 점점 증가하였다. 퇴계의 문하에서 함께 학문을 배웠던 한강 정구도 수령으로 부임하면서 『창산지』(1581), 『동복지』(1584), 『함주지』(1587)를 연달아 편찬하였고, 윤두수도 『평양지』(1590)를 편찬하였다.

류성룡은 안동의 과거와 현재를 기록하여 미래에 대비하기 위해 지리지가 필요하다는 것을 염두에 두었다. 그리고 안동 지리지를 꼼꼼히 가장 잘 만들어낼 적임자로 성실하면서 학식이 있었던 용만龍巒 권기權紀를 생각하였다.

『징비록』을 저술했던 옥연정사

서애 류성룡에게 있어서 국가를 미래를 대비하기 위해 저술한 책이 『징비록』이었다면, 안동의 현재와 미래를 대비하기 위해 기획했던 것은 바로 안동 지리지, 『영가지』였을 것이다.

『영가지』는 류성룡의 국가를 다스리면서 깨달은 지리지의 필요성, 고향에 대한 애착, 후대에도 계속 안동의 역사를 전하고자 했던 류성룡의 기록 정신에서 시작되었다. 지역 발전에도 영향을 줄 수 있었다.

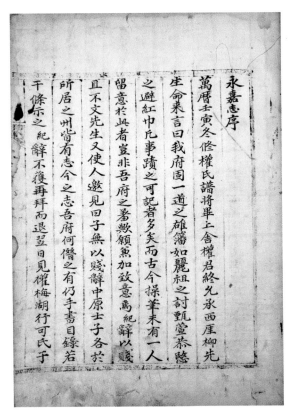

류성룡이 언급된 서문

영가지와 용만 권기

『영가지』가 어떻게 시작되었고, 어떤 과정을 거쳐 권기라는 인물이 편찬을 시작하게 되었는지는 『영가지』의 서문에 자세한 내용이 수록되어 있다. 그 시작은 류성룡으로부터 시작된다. 서애 류성룡은 1602년 겨울에 지역의 후배인 권종윤權終允(1560~?)을 불러 안동 지리지 편찬의 필요성에 대하여 언급하였다. 권종윤은 자가 신초愼初, 본관은 안동이며, 아버지는 통정대부 권흥서權興緖이다. 1590년에 생원 증광시에 합격하였다.

한강 정구의 시문집인 『한강집寒岡集』에는 한강 정구와 권종윤이 제례에 관해 문답問答한 기록이 실려 있는 것으로 보아 정구의 제자였던 것으로 추정된다.

권종윤에 대한 다른 기록으로는, 임진왜란 당시 의병대장을 지낸 근시재近始齋 김해金垓(1555~1593)가 기록한 『향병일기鄕兵日記』에 안동 향병으로 활약한 기록이 있으며, 동강東岡 김우옹金宇顒(1540~1603)의 시문집인 『동강집東岡集』에는 '안동향교 권종윤 등'으로 해서 올린 제문(『동강집』 부록 권2 제문, 안동향교安東鄕校 권종윤權終允 등)이 있어 안동에서 두루 활동한 지식인이자 의병 활동을 한 인물이었다.

서애 류성룡을 만난 진사進士 권종윤은 류성룡의 부탁을 받고 권기權紀(1546~1624)를 찾아갔다. 권기는 류성룡보다 4살 적었지만 류성룡이 하회마을로 귀향한 뒤 강학 활동을 했을 때 자주 찾아가 학문을 배웠다. 권기는 당시 여러 방면으로 학문이 해박하였을 뿐 아니라 책을 편찬하는 능력도 뛰어났다. 당시 권기는 『안동권씨세보』의 편찬을 마무리할 무렵이었다. 권기는 몇 년 전에도 족보를 엮은 적이 있었는데, 그때는 안동권씨 전체가 족보에 수록되지 않았고, 9대조인 권인權靷의 후손을 구분하지 않고 한 권으로 만든 아쉬움도 있어 다시 족보를 만들었다. 무엇보다 임진왜란 때 안동권씨 족보 책과 목판이 소실되었기 때문에 권율權慄의 요청으로 다시 족보 편찬을 하였다. 서애 류성룡의 부탁을 받은 권종윤은 권기보다 16살 많은 형이었으나 항렬은 같았다.

권종윤은 권기에게 서애선생의 안동 지리지 편찬에 대한 권유를 다음과 같이 전하였다.

> 우리 안동은 경상도의 가장 큰 곳이라네. 고려 태조께서 견훤을 토벌하였고, 공민왕이 홍건적의 난을 피해 안동을 찾았던 일 등등 모두 기록으로 남길 만한 안동의 사적이 많이 있었다네. 그러나 옛날부터 지금까지 (안동 역사를) 글로 기록하는 것에 대하여 이곳의 한 사람도 뜻을 가지는 사람이 없었으니 어찌 우리 안동의 부끄러움이 아니겠는가? 바라건데 뜻을 가져야 한다네.
> (『영가지』 서문 중)

권기는 처음에는 사양하였다. 거부의 뜻에서 사양한 것이 아니었다. 안동에 지리지가 필요하고 지리지의 중요성도 인식하고 있었다. 류성룡이 이렇게 중요한 일을 본인에게 부탁하는 것에 대한 부담감도 있었고, 자신의 여러 가지 역량이 기대에 미치지 못할 수도 있다고 생각했을 수도 있었을 것이다.

류성룡은 또다시 권기에게 당부했다.

> 중국에도 고을마다 읍지를 다 만들었는데 우리 지역 안동이 읍지를 만드는 것은 당연한 일일 것이다. 자네는 사양하지 말게나…

류성룡은 직접 쓴 목차까지 꺼내 보여주었다. 더 이상 권기는 사양하지 않았다. 사양할 수가 없었다. 그렇게 『영가지』는 시작되었다.

나는 천박하고 글을 잘하지 못한다는 이유로 사양하였더니 선생께서는 또다시 사람을 시켜서 만나보자 하시고 말씀하시기를 "자네는 사양하지 말게나. 저 중국의 선비들은 각기 살고 있는 고을에 '지誌'를 만들어 두고 있으니 우리 안동에서 '지'를 편찬하는 것이 무슨 분수에 지나침이 있겠는가?"라고 하시면서, 손수 쓰신 목록 조목을 보여주시니 나는 사양하지 못하고 두 번 절하고 물러나왔다. (『영가지』서문序文 중)

용만 권기 가계도

시조

15세 권인權軔 : 봉익대부 예의판서, 배 관성황씨(전객령 황지현黃之鉉의 딸)

16세 권후權厚 : 중랑장, 배 경주김씨(관찰사 김자수金自粹의 딸),

　　　　　　　　배 숙인 해주오씨(안렴사 오국화吳國華의 딸)

17세 권계경權啓經 : 횡성현감, 배 전주이씨(현감 이중유李仲由의 딸)

18세 권개權玠 : 부사정, 배 홍해배씨(지평 배권조裵權祖의 딸)

19세 권숙형權叔衡 : 사맹, 배 진안조씨(충순위 조삼인趙三仁의 딸)

20세 권침權琛 : 참봉, 배 영천이씨(통훈대부 이강李絳의 딸)

21세 권미수權眉壽 : 부장, 배 전의이씨(충순위 이균李均의 딸)

22세 권몽두權夢斗, 통정대부 호군, 배 영양남씨(진사 남한립南漢粒의 딸)

23세 차남 권기權紀

24세 권사막思邈(초명 사괄思适), 권사근思邈近

권기는 고려 말 예의판서를 지낸 권인權軔의 8대손이다. 권인은 조선 개국 후 나라에서 한성부윤으로 임명하였으나 응하지 않고 안동 소야촌所夜村에 은 둔하며 절의를 지킨 인물로 알려져 있다. 권기權紀의 자는 사립士立, 호는 용만 龍蠻이다. 본관은 안동으로, 시조 권태사權太師로부터 23세이고, 할아버지는 부 장部將 권미수權眉壽이다. 처는 진주하씨 하연河漣의 딸이다.

권기는 1546년 2월 3일 경상북도 안동시 풍산읍 막곡리에서 아버지 권몽두 權夢斗(1517~1591)와 어머니 영양남씨 충순위忠順尉 남한립南漢粒의 딸 사이에서 둘째 아들로 태어났다. 7살에 어머니를 여의는 어린 나이에 감당할 수 없는 슬픔을 맞았다. 당시 집안에서는 보리떡을 만들었는데, 권기는 여자 종을 시 켜서 깨끗한 그릇에 떡을 담아 달라 부탁하고 정성껏 머리 위에 이고 어머니 의 빈소에 올렸다. 어린아이였지만 아이 같지 않은 어엿한 모습을 지켜본 어 른들은 함께 슬퍼하며 눈물을 흘렸다. 3년간의 모친상을 치르는 동안 고기 한 점도 먹지 않았다. 아버지는 아이의 이런 모습이 애처로워 한참 동안 공부를 독려하지 않았다.

10세에 고을의 선비들과 학가산 광흥사에 놀러 갔는데 선비들이 장난으로 시험하는 말을 하였으나 아이 같지 않게 대하는 모습을 보고 어른들은 모두 기특하다는 칭찬을 하였다. 13세 무렵에는 아버지에게 『소학小學』을 익혔으 며, 17세에는 현감으로 있던 고흥운高興雲을 스스로 찾아가 1년 정도 학문을 배웠다. 이후 송암松巖 권호문權好文(1532~1587)의 문하에 들어가면서부터 본격 적으로 유학자의 도리에 대해서 배우며 학문을 닦기 시작하였다.

23세인 1568년에는 과거 시험에 관심을 보이기 시작하더니 우수한 성적으 로 향시鄕試에 합격하였다. 그러나 이후 더 이상의 과거 시험에는 번번이 실패 하였다. 그의 문집에는 1608년에 권기 자신이 스스로 생애를 정리한 부분이 수록되어 있는데, 여기에는 복시覆試에 떨어진 횟수가 16번이었다고 밝히고 있다. 이렇게 많이 과거에 응시한 이유는 아버지의 뜻에 따랐기 때문이었다. 그러나 아버지가 돌아가신 이후부터는 과거에 합격하여 출세하는 길을 생각하

지 않았고, 지역에서 처사의 삶을 지향하면서
성리학 외에도 여러 방면으로 공부하였다. 학
봉 김성일과 서애 류성룡에게도 수학하면서
지역 사회에서 봉사하는 모습을 보여주었다.

만년에 나라에서는 제용감濟用監 참봉參奉
의 벼슬에 임명하였으나 부친상과 여러 사정
으로 나아가지는 않았다. 이후 『안동권씨세
보』 16권과 연달아 『영가지』 8권의 편찬에
15년 동안 쉴 틈 없이 매진하였다. 이는 문중
을 위해서라도 지역을 위해서라도 중요한 일
이었다. 이 2종의 책을 편찬함으로써 지역과
문중의 숙원은 어느 정도 해결되었다. 그렇지

『용만문집』

만 권기의 몸과 마음은 지칠 때로 지쳐져 점점 쇠약해져 갔다. 밤낮으로 문자
를 보았던 까닭에 눈병과 여러 질병에 시달리면서 십수 년 동안 문 앞의 출입
을 못 할 만큼 고생하다가 1624년 정월 10일에 79세의 일기로 생을 마쳤다.

그의 시문을 담은 『용만집龍灣集』은 사후 180여 년이 지난 1800년에 간행
되었다. 전체 2권 1책으로 구성되어 있으며 권1은 그가 지은 시 225수로 자연
과 전원생활에 대하여 읊은 것이 대부분이다. 권2에는 잡저와 묘갈명 등 6편
의 작품이 실려 있다. 시 중에서 특히 눈에 띄는 것은 『영가지』의 편찬을 마
치면서 그 소회를 시로 읊은 것인데, 내용은 다음과 같다.

『영가지永嘉誌』.

여덟 권 『영가지』, 표지 입히니 빛깔 곱도다	八帙永嘉誌 粧黃顏色鮮
고금 날짜 분명하고 인물의 선악 구별하였네	古今明日月 人物辨蚩姸
사괄이 책 제목 쓰고 진웅이 책 올렸네	思适書題目 晉雄奉簡篇
지위 낮으면 불신하니 누가 천년 전하랴	小傳人不信 千載孰能傳

이 시의 아래에는 '사괄선생지윤思适先生之胤 진웅 성하晉雄姓河'라는 주석에 해당하는 문장을 달아 시를 설명해주었다. '사괄思适은 선생의 아들이고, 진웅晉 雄은 성이 하씨이다'라는 뜻이다.

권기는 슬하에 사막思邈, 사근思近 2남을 두었는데 '사괄'은 장남 사막의 초명이었다. 차남 시근의 자는 성지省之, 호는 덕산德山이며, 수직壽職으로 가의대부 동지중추부사가 되었다. 또한 『영가지』를 올린 하진 웅河晉雄(1582~1643)은 단계丹溪 하위지河緯地의 6세 손이다. 하진웅은 권기의 처조카이며, 권기는 하진 웅의 고모부가 된다. 경당 장흥효의 문인이며, 권기 에게도 수학했다.

『용만집』의 〈영가지〉 시

또한 시 중에는 15년 동안 『안동권씨족보』와 『영가지』의 연속적인 편찬 작 업을 거치면서 그 소회와 자신에 대한 건강 상태를 언급한 부분이 있다. 그 내용은 다음과 같다.

아픈 중에 우연히 읊다[1609년] 病中偶吟[己酉]

팔 년을 족보, 칠 년을 『영가지』,	八年修譜七年誌
십오 년 동안 정신 다 쏟았구나.	十五年間枉費神
덜컥 눈 어두워져 그만두고 말았으니,	兩眼忽昏終廢業
상 위에 흩어진 책 조각 한스러워라.	床頭堪恨亂書塵

집에서 즉흥으로 읊다 居家卽事

족보 편찬하고 『영가지』 완성하니,	修譜兼成花府志
고심하여 다듬느라 눈 상해버렸네.	勞心磨琢忽傷眸
큰 아이 마무리하고 작은 아이 도우니,	幹兒總理枝兒輔
병 든 늙은 아비 근심할 게 없구나.	老父無憂一病叟

문집 〈잡저雜著〉에 수록된 '근독잠謹獨箴'은 자신의 경험을 바탕으로 혼자 있을 때 경계해야 한다는 자신의 수신 철학을 나타낸 것이다.

『용만집』의 〈병중우음病中偶吟〉 시

- 어두운 곳에서 하는 행동은 사람들이 잘 알아보지 못하기 때문에 소홀해질 수밖에 없고 경계하기도 어렵다. 따라서 이것을 소홀히 하게 되면 자신을 속이고 남을 속이는 것이 된다. 자신을 속이고 남을 속이는 것은 자신에게 부끄러운 일일 수밖에 없다.

- 하늘이 위에 있고 신명이 보고 있기에 숨기려 해도 숨길 수 없을 것이니, 이것이 바로 선비와 군자가 모두 두려워해야 하는 것이다.

- 공경으로 자신을 보존하는 것이 바로 부지런하고 진실함을 행하는 것이며, 이것이 바로 선비로서 수양하는 방법이다.

두 물줄기 만나 아름다운 곳, '영가'

　서애 류성룡에게 안동 지리지의 편찬에 대한 권유를 받고 수락한 다음 날 권기는 권행가權行可(1553~1623)를 만나기 위해 한서재寒棲齋 옛터로 향했다. 권행가는 권기의 스승인 송암松巖 권호문權好文(1532~1587)의 아들로 공적인 일이나 사적인 일이나 일이 있을 때마다 찾아가 대화를 나누었던 동료였다.

　권행가는 안동권씨 22세로, 자는 사우士遇, 호는 매호梅湖이다. 참의參議로 증직된 권선문權善文과 거제반씨 참봉 반숙潘淑의 딸 사이에서 둘째 아들로 태어나 숙부인 송암 권호문에게 입양되어 대를 이었다. 1582년 30세에 생원 진사시에 합격하고, 학봉 김성일金誠一(1538~1593), 인재忍齋 권대기權大器(1523~1587)의 문하에서 수학하였다. 임진왜란이 일어나자 전향유사典餉有司에 임명되어 의병대장 김해를 도와 활약하였다. 1599년에 순릉참봉에 제수되었고, 이후 고향에서 여러 활동을 한 기록이 있다.

　권호문은 퇴계 이황의 제자로 학행이 뛰어나 여러 벼슬에 천거되었으나 나아가지 않고 청성산 아래에 은거하면서 학문을 수양하고 후학을 양성하면서 문학 활동을 하였다. 그의 당호는 처음에는 '집경당執競堂'으로 불리었다가 퇴계에 의해 '사물을 관찰하는 것은 마음으로 보는 것만 못하고, 마음으로 보는

송암구택과 관물당 편액

낙동강과 반변천이 만나는 지점

것은 이치로 보는 것만 못하다'라는 뜻에서 '관물당觀物堂'으로 바뀌게 되었다.

　권기는 권행가와 만난 자리에서 서애선생과 있었던 일들을 자세히 말하고, 지리지의 편찬에 대한 사정과 여러 가지 현안에 대해 의논하였다. 이 자리에서 안동 지리지에 적합한 책의 이름도 함께 의논하였다.

『영가지』의 서문에 의하면, 권기는 안동 지리지의 이름으로 '영가지永嘉誌'와 '화산지花山誌' 두 가지를 생각하면서 권행가와 의논하였다. 권기는 우선 지지의 이름으로 안동의 옛날 지명 '화산花山'과 '영가永嘉' 중에 어느 것이 적합한지 권행가에게 물었다.

권행가는 "자네는 '영가'라는 글자의 의미를 알고 있는가?"라 물었고, 안동이 과거에 왜 '영가'라는 이름이 지어졌는지에 대해 자세히 설명하면서 '영가'라는 단어에 힘을 실어줬다.

'영가'의 '영永'자는 '이수二水', 즉 두 물줄기가 합해지는 것을 의미하고, '가嘉'는 아름다움을 의미하는 것이다. 이 '영가'라는 이름이야말로 개목浦項(낙동강 본류)과 와부瓦釜 (반변천)가 가장 아름답기 때문에 '영가'라고 한 것이다. 그러나 '화산'은 많이 떨어져 있어서 그것을 취할 이유가 있겠는가?

이에 권기도 옛 문장에 나오는 구절을 인용하면서 '영가지'라는 이름으로 결정하였다.

두 물줄기 흘러감이여, 아름다운 곳 '영가'라네   二水中流地 風流是永嘉

『영가지』가 편찬되기 전『동국여지승람』에 따르면 안동의 지명은 고타야古陁耶, 고창古昌, 영가永嘉, 길주吉州, 복주福州, 능라綾羅, 지평地平, 석릉石陵, 일계一界, 화산花山, 고장古藏, 창녕昌寧 등의 지명이 있었나. 인새의 지명인 인동

新增東國輿地勝覽卷之二十四

安東大都護府

建置沿革 本新羅古陁耶郡景德王改古
昌郡高麗太祖與後百濟王甄萱戰於
郡地敗之郡人金宣平金幸張吉佐太
祖有功拜宣平爲大匡幸吉各爲大相
因陞郡爲府而改今名後改永嘉郡成
宗稱吉州刺史顯宗政安撫使又改知
吉州事後復爲安東府明宗時南賊金
三孝心等剽掠州郡遣師討平之以府
有功陞爲都護府神宗時東京夜別抄
孝佐等聚衆叛以府有捍禦功陞爲大
都護府忠烈王政以福州牧恭愍王避紅
賊南巡留駐以州人盡心供頓復陞爲

『신증동국여지승람』의
안동의 건치연혁

은 930년 무렵부터 시작되었다. 고창전투(929~930)에서 고창(안동의 옛 지명)의 우두머리인 김선평金宣平, 권행權幸, 장정필張貞弼 등 삼태사三太師의 도움으로 승리한 태조 왕건은 김선평과 지역인들의 공로를 치하하면서 고창군을 안동부로 승격시키면서 승리에 큰 공을 세운 세 호족에게 '안동'이라는 본관을 하사하였다. 안동김씨, 안동권씨, 안동장씨의 시조이다.

이 전투에서 승리함으로써 후삼국이 통일되고 나라가 안정되는 계기가 될 수 있었다. '안동'이라는 이름도 나라[대동大東]의 안정을 도모한 고을이란 뜻이 담긴 '안어지동安於大東'에서 나온 것이다. 이후 안동은 10세기 후반부터 고려 말까지 안동, 영가, 길주, 안동부, 안동대도호부, 복주목 등으로 지명이 바뀌다가 1361년(공민왕 10) 안동대도호부가 된 이후부터 지금까지 안동이라는 지명으로 남아 있다.

삼태사를 모신 태사묘

영가지와 한강 정구

권기는 권행가와 함께 『영가지』의 편찬을 위하여 여러 참고할 만한 문헌을 두루 살펴보았다. 우선 전해지는 당시 지리지 중 국가에서 만든 전국 지리지 중에서 안동에 대한 정보가 가장 많이 담겨 있었던 『동국여지승람』에 들어있는 모든 조목을 하나하나씩 살펴보았다. 동시에 한강 정구가 1587년에 편찬한 『함주지』의 내용과 항목, 편찬 체제를 꼼꼼하게 살폈다. 이후 대략을 정리하고 류성룡을 찾아가서 여러 사항에 대해 의논하면서 앞으로의 방향을 정하였다.

얼마 뒤 계획과 일정을 세우고 본격적인 조사 작업을 위한 준비에 들어갔다. 우선 안동의 각 지역마다 그 곳 사정을 잘 알면서 학식이 풍부한 지식인들을 선발하였고, 곧 회의 자리를 마련하였다. 그 자리에서는 안동에 지리지가 필요하다는 것에 모두가 동조하였다. 권기는 조사 항목과 조사 내용, 조사 방법을 설명하였고, 지역별로 임무를 분담하여 조사하도록 하였다. 적극적이고 빠른 조사로 얼마 지나지 않아 원고가 하나하나씩 들어오기 시작했다. 보내온 원고들은 책장에 차곡차곡 쌓였고, 책을 보관하는 상자도 점점 늘어났다. 그러나 보내온 자료들을 자세히 살펴보니 자료마다 기복이 있었다. 조사원별로 자세하게 기록한 것도 있었고, 너무 간략하게 기록한 것도 있었다. 또한 지역에 따라 사람에 따라 항목에 따라 형식이 비슷한 것이 있었고, 많이 다른 것도 있었다.

권기는 다시 통일성과 정확성을 있게 하고 부족한 부분을 채우기 위해 직접 먼 지역까지 돌아다니며 자료와 유적을 찾아다니면서 부족한 부분은 보충하고, 어려운 부분은 현지의 사람들에게 직접 물어가면서 하나하나 해결해갔다. 긴 시간 동안의 노력 끝에 드디어 8권의 초고에 대한 1차 작업은 마무리되었다.

『영가지』의 초고는 어느 정도 일단락되었지만 『안동권씨세보』를 만드는 작업에서부터 시작해서 몇 년 동안 책을 만드는 데에만 온 신경을 곤두세웠고, 적은 나이도 아니었던지라 몸은 점점 병들어갔다. 눈까지 상태가 좋지 않아 『영가지』의 탈고도 점점 지체되었다. 설상가상으로 1607년 5월에 서애선생이 갑자기 세상을 떠나고 말았다. 조만간 빨리 『영가지』 작업을 마무리하고 선생을 찾아가서 마지막으로 도움을 요청할 생각이었다. 별세 소식을 들은 권기는 큰 충격을 받았다. 『영가지』를 책으로 만들어 보급하기 위해서는 아직 많은 과정이 남아 있었다. 수 차례 교정과 교열을 거쳐 최종적으로 편성이 되면 글씨를 잘 쓰는 사람이 정서본을 만들어야 했고 가장 힘들고 손이 많이 들어가는 작업인 판각 작업까지 거쳐야 했다. 많은 인력이 동원되고 막대한 재원 마련도 필요했다.

『영가지』의 편찬을 처음으로 권유한 류성룡은 『영가지』를 최종적으로 간행하기 위해 가장 의지할 분이었다. 허탈한 심정이었다. 눈병도 점점 심해졌다. 『영가지』를 볼 수 있는 상황이 아니었다. 권기는 지금까지 정리한 글들은 모두 상자 속에 넣어두면서 일시적으로 작업을 중단하였다.

『영가지』가 잊혀질 수도 있었던 그 무렵 『영가지』를 오늘날까지 이어주게 해준 또 한 명의 인물이 나타났다. 한강 정구였다. 정구는 류성룡이 세상을 떠나기 몇 개월 전에 안동부사로 부임하였다. 1607년 3월부터 같은 해 12월까지 짧은 9개월 동안 역임한 안동부사는 한강 정구에게 있어 마지막 지방관이었다. 앞에서 언급한 것과 같이 한강 정구는 수령으로 부임하는 곳마다 읍시

한강 정구 초상화

편찬을 가장 많이 했던 치적으로 유명하다.

그가 편찬한 읍지는 『창산지』(1581), 『동복지』(1584), 『함주지』(1587), 『통천지』(1592), 『관동지』(1596) 등 7~8종에 이른다. 이 중 『함주지』는 현재 남아 있는 가장 오래된 사찬 읍지로, 조선 후기 지역별 지리지 제작에 많은 영향을 주었다. 이처럼 정구가 부임한 지역마다 지리지 편찬에 열정을 쏟아부었던 이유는 여러 지방관의 경험으로 지리지의 중요성과 필요성을 깊이 깨달았기 때문이었다. 또한 지역의 정보를 담은 자료나 지역의 유적들은 언젠가는 없어지거나 훼손될 수도 있으므로 과거와 현재의 역사를 정리하여 주민과 수령들에게, 후세들에게 지역의 정보를 기록하여 제공하기 위한 것이었다.

안동부사로 부임한 한강 정구는 안동의 지리지를 근래에 정리하고 있다는 소식을 접하게 되었고, 권기를 불러 초고본을 열람하고자 했다. 얼마 후 어느 정도 완성된 『영가지』를 직접 열람하였고, 『영가지』의 완성도를 더욱 높이고 편찬을 마무리 짓기 위해 당대 안동 최고의 지식인들을 선발하여 『영가지』를 완성하여 간행하기 위한 재시동을 걸었다.

안동의 지식인 10명이 정구의 부름을 받았다.

광산김씨 김득연金得硏, 영가권씨 권오權晤, 진성이씨 이혁李爀, 곡강배씨 배득인裵得仁, 철성이씨 이적李適, 문화류씨 류우잠柳友潛, 진성이씨 이의준李義遵, 화산권씨 권극명權克明, 문소김씨 김근金近, 손완孫浣 등이 참여하였다. 정구는

『영가지』의 완성을 위해 지원을 아끼지 않았다. 안동부청 한 곳에 '지지청地誌廳'이라는 조용한 공간을 임시적으로 설치하여 『영가지』의 완성에 집중하도록 지원하였다.

당시 안동부에 있었던 지지청을 방문하여 위의 지식인들을 만난 일을 기록한 일기가 있다.

의병대장 김해金垓의 아들 김광계金光繼(1580~1646)의 일기인 『매원일기』(1607년 5월 20일)에 다음과 같은 기사가 있다.

> 안동 관아에서 (안동부사) 한강선생을 뵙고 선생께서 임참봉 어르신과 나에게 명하여 '퇴계선생 상례문'에 대해 교정할 것을 지시하였다. 나는 다른 일이 있어 돌아가려고 했으나 귀가를 허락하지 않으므로 할 수 없이 민가의 임시 거처에서 교정을 시작하였다. 그러나 여러모로 임시 거처한 곳은 불편한 점이 많아 한강선생에게 요청하여 향교로 옮겨 거처하여 교정하였다. 이때 지지청 地誌廳을 방문하여 권기, 김득연, 이의준 등을 만났다.

이렇게 『영가지』는 안동부사로 왔던 한강 정구의 관심과 적극적인 후원, 권기를 비롯한 지역 지식인 10여 명의 노력으로 1608년에 체제와 항목을 가다듬어 편찬을 완료하였다. 다행스러운 일이었다. 그러나 얼마 뒤 정구의 안동부사 퇴임과 경제적인 여건 등 여러 사정으로 간행에 이를 수는 없었다.

권기, 안동을 그리다

『영가지』는 류성룡의 권유로 그의 제자 권기에 의해 편찬이 이루어졌다. 권기는 『동국여지승람』과 『함주지』 등의 읍지와 여러 문헌을 참고하고 지역 지식인에게 안동의 각 고을마다 조사하게 하고 이를 다듬어 8권 4책의 초고본을 만들었다. 그리고 곧 류성룡의 최종 도움을 받아 완성본을 만들려고 생각하고 있었다. 그러나 1607년 5월 류성룡이 세상을 떠났고, 자신 또한 병으로 몸과 마음마저 쇠약해졌던 탓에 『영가지』에 대한 작업은 중단되는 듯했다. 그러나 안동부사로 한강 정구가 부임하면서 『영가지』는 다시 빛을 보게 되었다. 정구는 초고본을 검토하고, 당시 안동에서 이름난 10명의 지식인을 선발하여 이들은 권기와 함께 편찬 작업을 완료하였다.

권기는 기존의 일반적인 '지리지'에 있었던 딱딱한 문자 기록만 넣으면 안동 전체를 한눈에 다 보지 못하므로 안동의 지도까지 추가하였다. 안동부 전체 지도와 지역마다 지도 11개를 직접 그려 책의 맨 앞부분에 첨부하였다.

권기는 『영가지』의 서문에서 안동은 '산수향山水鄉'이라는 아름다운 명칭이 있는데도 불구하고 옛날부터 안동에 지도가 없는 것이 흠이었다고 언급하였다. 그러고는, 비가 내리는 어느 날 찾아오는 사람도 없는 한적한 마루에서 가만히 생각해 보니 산은 태백산으로부터 내려오고, 물은 (태백산) 황지黃池로 부터 내려온 것을 분명하게 알 수 있었다. 권기는 종이를 펼쳐서 지도를 그리기 시작하였는데, 다소 부족한 부분도 있었으나 안동과 거의 비슷하게 그렸다고 했다.

다시 지역마다 두루 다니면서 꼼꼼히 살펴보았고, 지역 사정을 잘 아는 사람들에게 물어보기도 하였다. 그리고 그림 사이 사이에 마을을 배열하고, 잘 보이는 벽에 걸어두면서 수시로 살펴보았다. 자꾸 보니 잘못된 부분이 있어 동료와 이곳저곳 찾아다니면서 다시 바로잡아 지도를 완성하였다.

> 안동부는 '산수향山水鄕'이라는 칭호가 있는데도 옛날부터 지도가 없었으니 어찌 흠 될 일이 아닌가? 하루는 비는 내리고 찾아오는 사람이 없어서 마루는 한적한데 가만히 앉아 헤아려 보니 산은 태백산으로부터 내려왔고, 물은 황지黃池로부터 내려온 것을 환하게 알 수 있었다. 이에 종이를 펼치고서 지도를 그렸는데 비록 다소 부족한 것은 있었지만 거의 비슷하였다. 이에 다시 이 지역을 두루 다닌 사람에게 물어보면서 사이사이에 마을을 배열하게 하고 벽에 걸어두고 살펴본즉, 잘못된 것이 있어 드디어 동지와 함께 지역마다 찾아다니며 바로잡으니 지도가 비로소 완성되었다. (『영가지』서문 중)

『영가지』의 지도는 책의 맨 앞에 수록되어 있다. 가장 먼저 안동부의 전체를 축약한 본부도本府圖를 두 쪽으로 나누어 실었다. 본부도는 안동부를 중심에 두고 사방으로 주요 산과 동네, 유적 등을 표시하고 있으며, 외곽에는 동쪽으로부터 임하, 일직, 풍산, 예천, 영천(지금의 영주), 예안 등의 경계를 표시하였다.

1장의 본부도 다음부터는 반 면씩 임하현도臨河縣圖, 길안현도吉安縣圖, 감천현도甘泉縣圖, 내성현도奈城縣圖, 일직현도一直縣圖, 풍산현도豊山縣圖, 개단부곡도皆丹部曲圖, 춘양현도春陽縣圖, 소천부곡도小川部曲圖, 재산현도才山縣圖의 순

안동부 지도

으로 2장부터 6장까지 이어지며, 지도의 수는 11개이다. 이중 감천현은 현재의 예천군에 속해 있고, 내성현, 춘양현, 재산현과 개단부곡, 소천부곡은 봉화군에 속한 지역이다.

조선 후기에 제작된 많은 읍지 가운데 그 지역의 지도 전체와 그 안에 다시 지역을 세분화해서 지도를 첨부한 지리지는 거의 없다.

『영가지』는 그러므로 더욱 특별하다.

간행본의 안동부 지도

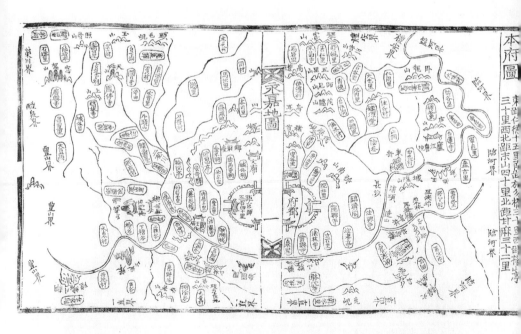

청성서원 원장 김굉과 영가지

1608년에 지은 『영가지』 서문에서 권기는 안동은 산수가 수려하고 걸출한 인물들도 많이 배출되었으나 이전에 나온 『동국여지승람』에서는 안동에 대해 적은 내용이 일부분만 수록되어 있고, 세월이 지나면서 옛 안동에 대한 기록이 점점 사라져가는 것을 아쉬워했다. 그렇기에 책을 간행하여 사라질 수도 있는 안동의 역사를 기록으로 남기고 후에 많은 안동 사람들이 『영가지』를 볼 수 있게 하는 것이 바램이었다.

그러나 『영가지』는 1608년에 8권 4책으로 편찬한 것이 오랫동안 보관해 왔을 뿐 간행하지는 못했다. 『영가지』의 교정과 판각, 인출 등의 작업에 이르기까지 진행을 위해 많은 지원을 해줄 수 있을 것이라 기대했던 한강 정구가 1607년 11월에 안동부사를 사직하였고, 권기도 십수 년 동안 병으로 집에서 두문불출하다가 1624년 정월에 세상을 떠났다. 이후 집안의 상황도 좋지 않았다.

『영가지』는 같은 내용으로 3부를 필사해서 만들었다. 그중에서 권기의 친필 원본은 청성서원青城書院에서 보관하였다. 청성서원은 송암 권호문(1532~1587)을 추모하기 위해 1608년에 건립하였다. 1612년부터 권호문의 위패를 모셔 제사를 지내다가 1767년에 현 위지도 옮겼다. 현재 안동시 풍산읍 마곡리

청성서원 전경

에 위치한다.

　청성서원은 1791년에 김굉이 원장이 되어 지역의 지식인들과 『영가지』를 교정한 곳이다. 그러므로 이후 8권 4책의 『영가지』가 목판본으로 간행되어 안동의 역사를 오늘날까지 전해주는데 있어 가장 중요한 장소였다.

　나머지 두 질의 『영가지』는 청성서원본을 똑같이 베껴 한 질은 안동부 관아에 보관하였고, 나머지 한 질은 권기의 후손 집에서 각각 보관하였다. 그러나 안동부 관아에 보관 중이던 초고본은 1760년에 국가에서 필요하다는 명으로 국사를 편찬하는 기관인 찬수청纂修廳에 보내졌다.

안동에 대한 종합정보가 가장 자세하게 담겨 있는 『영가지』를 열람할 수 없게 된 당시 안동의 학자들은 많은 불편함을 겪게 되었다. 안동의 역사를 알 수 있는 가장 중요한 참고문헌을 국가가 빼앗아간 셈이었다. 관아의 수령이나 공직자들도 정치와 행정을 수행하기에 불편했을 것이다. 다행히 2년 후인 1762년에 찬수청에 있는 초고본을 베껴 와 이 필사본을 다시 안동 관아에 보관하였다. 국가에서 가져간 것을 다시 베껴왔다는 기록은 1784년 안동 관아에 보관된 『영가지』의 책 표지를 다시 만들었을 때 권창실權昌實이라는 안동부 호장戶長이 쓴 기록을 통해 알 수 있다.

또한 청성서원에 보관된 원본은 권기가 세상을 떠난 이후 정칙鄭伏(1601~1663, 호는 우천愚川)이 꺼내 일부분을 수정하였고, 또 몇십 년이 지나 권덕수權德秀(1672~1760, 호는 포헌逋軒)도 잘못되고 중복된 부분을 교정하였는데, 원본에 체크만 해놓았을 뿐 교정을 완성하지 못한 상태로 다시 상자 속으로 들어가 있었다.

그로부터 몇십 년이 지나 1791년 겨울에 김굉金埦(1739~1816)이 청성서원 원장을 맡게 되었다. 김굉은 호가 귀와龜窩, 본관은 의성이며, 조선 후기 영남의 대학자인 대산大山 이상정李象靖의 제자였다. 1787년 성균관 전적, 사간원 정언, 단양군수, 세자시강원 문학, 예조 참판 등을 역임하였다.

청성서원 원장을 맡은 김굉은 『영가지』의 간행에 적극적이었다. 청성서원에서는 권기의 친필 초고본이 계속 전해져 내려왔으며, 『영가지』를 편찬한 권기는 서원에서 배향하는 권호문의 제자였다. 권호문의 아들인 권행가도 권기를 도와 『영가지』 편찬에 많은 도움을 주었다. 또한 김굉이 보더라도 내용적으로 『영가지』는 다른 어떤 지리지보다 안동에 대한 풍부한 내용과 안동의 지도까지 상세하게 담고 있었다. 시기적으로도 1608년에 『영가지』 편찬을 마무리한 지 180년이 조금 지난 시점이었다.

『영가지』의 간행을 위해서는 지역 유림들의 합의를 이끌어야 했다.

김굉은 청성서원에서 가을 제사를 지낼 때 후산后山 이종수李宗洙(1722·1797)

와 함께 『영가지』의 교정과 간행에 대해 논의하였다. 이종수는 대산大山 이상
정李象靖(1711~1781)과 소산小山 이광정李光靖(1714~1789)의 문하에서 43년 동안
수학하였고, 이상정은 대산과 소산을 잇는다는 뜻에서 '후산后山'이라는 호를
지어주었을 만큼 학식이 뛰어났다. 이상정 이후 안동 유림을 이끌던 대표적인
인물 가운데 한 명이었다. 지역의 강회를 주도하였고, 『영가지』 외에도 많은
문헌을 교정하고 간행하는 일에 적극적으로 참여하였다.

　김굉은 이 자리에서 『영가지』를 간행하여 많은 사람이 볼 수 있도록 해야
하고, 세월이 지나면서 글자의 마모가 점점 심해지고 종이의 훼손도 점점 심
해져 가고 있음을 설명하였다. 또한 내용 중에는 권기가 미처 살펴보지 못하
고 빠트린 부분도 일부 있었고, 자세하게 다루어야 할 부분을 너무 간략하게
넣은 것도 있었다. 중복된 내용이 있는 부분도 있어 교정이 필요하였다. 이종
수와 지역의 선비들도 『영가지』를 간행해야 한다는 뜻을 같이하면서 교정 작
업에 동참 의사를 밝혔다.

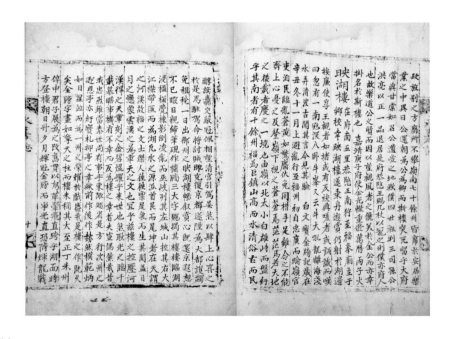

1791년 『영가지』를 교정하다

교정 시 참여자 명단

『교정시회첩校正時會帖』은 1791년 청성서원에서 『영가지』를 교정할 때 참여한 인물들의 명단을 기록한 '영가지 교정시 시도時到'와 그 과정에서의 '교정일기'로 나누어 수록하고 있다. '시도'는 어떤 일이나 행사 때 참석한 인물들의 성명, 자, 생년, 본관 등의 정보를 기록한 것이다.

'영가지 교정시 시도'에는 참여한 명단 기록이 회원과 임원, 유사, 서사로 나누어져 있다. 이어 '교정시회첩서校正詩會帖序'와 부록으로 일기가 수록되어 있으며 마지막으로 발문에 해당하는 '회첩지會帖識'가 있다.

『교정시회첩』의 발문 기록에 의하면, 교정 작업은 11월 8일부터 시작해서 11월 28일 마지막 날에 4~5명이 남아서 베끼기를 마무리하고 책을 매는 것까지 해서 모든 작업의 일정을 마무리했다. 전체 20일 정도가 소요되었다.

『영가지』의 교정을 시작할 때 참여를 밝힌 사람은 회원 36명, 교정도감 2명, 교정유사 22명, 서사자 9명이었지만 교정유사와 서사자는 사정으로 참석하지 못한 사람이 많았다. 그렇지만 처음 계획할 때 뜻을 같이한 사람들까지 모두 기록해 두었다.

수록된 교정 시 시도時到 명단은 아래와 같다. 원본에서의 명단은 거의 나이 순으로 되어 있으나 여기서는 성씨별로 재정리하였고, 생년 간지를 바탕으로 나이를 표시하였다.

회원會員

안동권씨 : 권정현權鼎鉉(자字 태중台仲, 64세), 권칠기權七紀(자字 자칭子稱, 64세), 권당權讜(자字 중득仲得, 61세), 권수權燧(자字 원경元卿, 58세), 권완權梡(자字 이첨而瞻, 53세), 권방權訪(자字 계주季周, 52세), 권시귀權時龜(자字 사일士一, 43세), 권응두權應斗(자字 정수正叟, 31세), 권범락權範洛(자字 이선而善, 30세), 권철인權徹仁(미상)

문소김씨 : 김도행金道行(자字 중립中立, 64세), 김여필金汝弼(자字 성득聖得, 62세), 김굉金竑(자字 자야子野, 53세), 김호수金虎壽(자字 영로靈老, 52세), 김종철金宗喆(자字 원명原明, 51세), 김상호金相虎(자字 사길士吉, 43세), 김진악權鑛岳(자字 유지維之, 34세), 김경수金景壽(자字 중행仲行, 33세), 김갑운金甲運(자字 치승穉昇, 31세), 김진옥金振玉(자字 성지聲之, 30세)

광산김씨 : 김광서金光緖(자字 흥숙興叔, 70세), 김광제金光濟(자字 군집君楫, 64세), 김홍규金弘規(자字 원방元方, 41세), 김홍귀金弘龜(자字 계방季方, 28세)

진성이씨 : 이종수李宗洙(자字 학보學甫, 70세), 이상우李商雨(자字 시약時若, 41세)

진양하씨 : 하명청河命淸(자字 성필聖弼, 51세), 하용우河龍雨(자字 원길元吉, 49세)

풍산류씨 : 류관춘柳寬春(자字 군실君實, 62세)

풍산김씨 : 김종석金宗錫(자字 성규聖圭, 32세)

고성이씨 : 이홍천李弘天(자字 명길命吉, 69세)

서원정씨 : 정일제鄭逸濟(자字 경근景勤, 50세)

선성이씨 : 이한즙李漢檝(자字 맹의孟檥, 40세)

죽계안씨 : 안명유安明有(자字 수지受之, 65세)

안동김씨 : 김우근金遇根(자字 이용利用, 43세)

68

교정도감校正都監

류종춘柳宗春, 김도행金道行

교정유사校正有司

권당權讜, 김상구金象九, 권사호權思浩, 정박鄭璞, 권수權燧, 이우李堣, 류경조柳景祚, 이정국李楨國, 류귀문柳龜文, 이중조李重祖, 이홍식李弘栻, 류천휴柳川休, 김희설金熙卨, 김상룡金相龍, 하명청河命淸, 김종철金宗喆, 이우강李宇綱, 김현운金顯運, 권형복權馨復, 김상호金相虎, 김택부權宅孚, 정일제鄭逸濟

서사書寫

김홍규金弘規, 이헌李瀗, 김상우金相雨, 김갑운金甲運, 권응두權應斗, 김진옥金振玉, 류태조柳台祚, 안원安愿, 김홍귀金弘龜

　다음은 『영가지』를 교정했을 때를 기록한 일기를 통해 교정 작업을 할 당시의 주요 상황을 요약 정리해보았다.

1791년 10월 7일 첫 회의

　교정도감校正都監, 교정유사校正有司, 교정 장소, 교정 날짜를 정하였다. 청성서원 원장 김굉과 서원의 재임齋任 및 지역 선비들은 청성서원에 모여 회의를 거쳐 교정도감과 교정유사를 맡을 인물을 정하고 망기望記를 작성하였다. 망기는 서원, 향교, 문중 등에서 행사나 일이 있을 때 어떤 직책이나 역할을 잘 수행할 수 있기 위해 최적의 인물을 추천한 문서이다. 책을 간행하기 위한 망기 외에도 상제례, 건축물의 상량, 중건 등과 관련된 망기의 종류는 다양하다.

　교정 작업의 총괄자인 교정도감은 류종춘柳宗春, 김도행金道行으로 정했다. 류종춘(1720~1795)의 호는 외재畏齋, 본관은 풍산이며 류운柳澐의 아들이다. 의금부도사를 지냈으며, 후에 아들 류상조柳相祚(1763~1838)가 귀하게 됨에 따

「영가지」를 교정한 청성서원

라 이조판서로 추증되고 풍은군에 봉해졌다. 김도행金道行(1728~1812)의 호는 우고雨皐, 본관은 의성이다. 진사가 되었으나 벼슬에 뜻을 두지 않고 향리에서 학문을 닦으며 처사의 삶을 살았다.

교정 작업의 실무를 담당했던 교정유사는 생원 권당權讜, 진사 김상구金象九, 생원 권사호權思浩 등 22명으로 정했다. 교정을 위한 장소는 조용하면서도 여러 선비들이 오고 가는데 접근성이 가장 좋았던 학가산 광흥사로 정하였다. 마지막으로 한 달 뒤인 11월 8일부터 본격적으로 교정을 시작하기로 합의하고 각 서원과 마을로 통보하였다.

교정 작업을 시작하다.

회의 후에 한 달이 지나 11월 8일은 교정 작업을 위해 첫 모임을 하기로 정한 날짜였다. 그러나 여러 사정으로 청성서원 원장 김굉과 교정도감 등이 참석하지 못했으며, 교정유사 권형복은 서울에 가야 할 일이 생겨 교정 작업에 참여할 수 없음을 글로 전해왔다. 다음 날에는 절 안이 정숙하지 못하다는 광흥사 승려의 요청이 있어 청성서원 원장 김굉과 별고도감別庫都監 배홍택이 상의하여 교정 장소를 광흥사에서 청성서원으로 옮기기로 정하였다. 11월 12일은 교정유사인 이종수, 김광서가 서원에 도착해 본격적으로 첫 교정을 시작하였다. 그날은 『영가지』의 강역조疆域條부터 시작해서 호구조戶口條까지 교정 작업을 마쳤다. 이날 교정유사 김희설은 병 때문에 작업에 참여할 수 없음을 밝혀왔고, 권사호는 교통수단으로 말馬이 없어서 참여할 수 없음을 밝혔다. 권사호의 집은 닭실마을이었는데, 마을에서 청성서원까지는 거리가 약 40km가 되기 때문에 걸어 다니기에는 쉽지 않은 거리였다.

서사 작업을 시작하다.

11월 14일은 글씨를 쓰는 사람, 즉 서사자書寫者를 정하여 망기를 각처로 보내었다. 책을 간행할 목적으로 목판에 올려 새기기 위해 정서본正書本을 필

사하기 위한 것이었다. 지역에서 글씨를 잘 쓰는 사람을 선정하였다. 그 대상
은 김홍규金弘規, 이헌李瓛, 김상우金相雨, 김갑운金甲運, 권응두權應斗, 김진옥金
振玉, 류태조柳台祚, 안원安愿, 김홍귀金弘龜 등 8명이었다.

다음날에는 서사자 중 한 명인 김갑운이 와서 본격적으로 서사를 시작하였
으며, 김도행과 함께 두 명의 도감 중 한 명인 하회마을에 거주했던 류종춘은
병이 들어 참석할 수 없음을 동생을 통해 소식을 전해왔다. 그다음 날인 11월
16일은 『영가지』 서원하조書院下條부터 인물상조人物上條까지 교정을 마쳤다.

11월 17일은 교정 작업이 모두 끝나기 전 마지막이었다. 이날 작업을 끝내
고 선비들은 밤늦도록 술잔을 들었다. 교정 일기를 쓴 김종석과 김경수는 참
가자 중 30세 정도의 어린 나이에도 불구하고 교정 작업에 참여할 수 있어서
다행스럽다고 일기에 밝혔다.

교정을 마치다.

11월 18일 드디어 교정 작업을 마치고 귀가하였다. 그러나 교정 작업이
100% 만족스러운 것은 아니었다. 아쉬움도 있었다. 우선 교정유사와 서사자
로 추천된 선비들이 여러 사정으로 다수가 참여하지 못했다. 그러므로 교정
작업은 처음에 예정했던 11월 8일보다 4일 늦은 11월 12일부터 교정이 시작
되었다. 참여 인력이 부족하였다. 더구나 『영가지』의 편찬이 완료된 이후 183
년 동안 안동에 변화된 것이 많았기 때문에 고치거나 추가해야 할 부분이 많
았지만 새로운 인물과 사적 등을 다시 조사해서 넣기에는 많은 정성과 시간,
인력이 필요하였기 때문에 여의치 않았다.

변화된 내용을 추가하자는 의견도 있었으나 추가 작업은 이루어지지 않았
다. 서사자 또한 처음에는 8명으로 정했으나 사정이 있어 모두 참여하지 못했
고, 서원에서 가까이에 거주하고 있었던 2~3명만이 참가해 나머지 사람들은
여러모로 고생하였다. 시일을 정해놓고 급하게 글씨를 썼기 때문에 글자가 잘
못된 부분도 있었고 가지런하지 않게 쓴 글씨도 있었다. 또한 흉년이 들어 물
력과 재원도 많이 부족하여 여러모로 힘들었다.

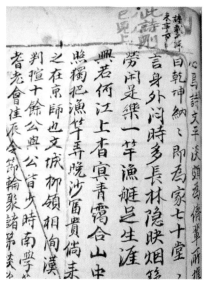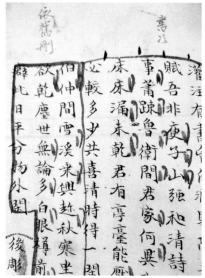

『영가지』의 교정 흔적

    마지막 날 헤어지기에 앞서 나이 든 지역 선비들은 "우리 지역의 선배님들이 『영가지』를 편찬하였던 이유는 우리 같은 후배들이 다시 새롭게 추가하여 완성하라고 한 것이었다. 그로부터 180여 년이 흐르는 동안 인물이나 역사, 유적 등을 조사해서 새롭게 추가해야 할 부분이 많은데, 선비들의 의논 끝에 그것까지는 모두 다 이루지는 못하였으므로 이후에 후배들이 다시 만들기를 기대한다"고 말하였다.

    위의 일기에서 보듯이 안동의 지식인들은 7~8일 동안 청성서원에 모여 이전에 했던 정칙과 권덕수의 교정을 바탕으로 복잡한 내용은 없애고 잘못된 곳을 제거했으며, 당시의 여러 지리지를 참고하여 부족한 내용도 일부 보충하였다. 교정을 다 마친 후 간행을 위해 최종적으로 한 부를 정서하였다.

11월 23일은 11월 18일부터 시작한 서사 작업을 모두 마치고 책을 장정하기 위해 실로 꿰매는 작업을 마지막으로 드디어 8권 4책의 교정본이 완성되었다.

교정도감 김도행이 서문을 썼고, 책 표지의 제목은 김홍규, 참여 명단의 성명은 김갑운, 자와 생년은 김진옥이 각각 썼다. 또, 김경수와 김종석이 그 대략을 적어 교정 작업 당시의 일들을 기록한 한 권의 일기를 별도로 만들었다.

1899년 『영가지』의 간행과 내용

1899년, 영가지가 간행되다

1791년에 청성서원 원장 김굉이 주도하여 여러 지역 선비들에 의해 완성된 교정본을 1608년에 완성된 초고본과 비교해보면 8권 4책으로 권과 책수는 같으나 중복된 내용을 많이 삭제하였기에 분량은 3분의 1쯤으로 크게 줄어들었다.

김굉은 안동의 선비들이 모아 교정을 완료했고, 이어 간행까지 마치려고 하였다. 그러나 큰 흉년으로 비용이 많이 드는 간행 사업은 하지 못하고 정서본만 서원에 보관하였다. 그로부터 80년이 지난 1870년에도 다시 한번 『영가지』를 간행하고자 하는 의견이 있었으나 이때에는 지역 선비들의 의견이 맞지 않아 간행에 이르지 못하였다.

이후 1899년에 권기의 후손인 권상학權相鶴, 권상택權相宅 등은 안동의 옛 자취가 점점 사라져가고 선대의 뜻이 펼쳐지지 못한 것을 마음 아파하면서 지역 선비들의 노력과 재정적인 도움으로 목판을 판각하여 인출을 마쳤다. 1608년 편찬이 완료된 후 300여 년 만이었다.

이때 교정을 주도했던 김굉의 증손인 척암拓庵 김도화金道和와 류성룡의 후손인 류도헌柳道獻에게 발문을 부탁하였다. 류도헌은 발문에서 『영가지』는 한

8권 4책의 『영가지』

집안이나 한 고을에서만 보관할 것이 아니고 세상에 널리 알려져 전해져야만 선조들이 뜻하신 바를 이룰 수 있을 것이며, 아무런 훼손 없이 지금까지 전해 내려오는 것만으로도 다행스럽다고 했다.

1899년 『영가지』의 간행 작업을 주도한 인물은 권기의 후손인 권상학, 권상 택 등이었지만 한 집안의 일이 아닌 안동 전체의 일이었던 만큼 내앞마을, 하회마을, 묵계마을 등 여러 문중에서 50여 명이 직간접적으로 지원하고 간행 작업에 참여하였다.

내앞마을[천전川前] 의성김씨 문중에서 김시락金蓍洛, 김대락金大洛, 김무락金武洛 등이 참여하였고, 임하의 안동권씨 문중에서 권진오權進吾, 권병섭權炳燮, 권영철權永喆, 권시영權時永 등이 참여하였다. 전주류씨는 박곡마을에서 류연좌柳淵佐, 류연학柳淵學, 류완柳浣이 참여하였고, 대평[한들]마을에서 류점호柳漸鎬, 류시연柳時淵이 참여하였다. 하회마을 풍산류씨 문중에서 류도섭柳道燮, 류동선柳東璿, 류광우柳光佑, 류규영柳圭榮, 류도현柳道舷, 류동기柳東夔 등이 참여하였고, 묵계마을 안동김씨에서 김제풍金濟豊, 김병호金炳昊, 김병성金炳聲, 김

『영가지』 책판

『영가지』의 본부도 책판

풍산현, 일직현 지도 책판

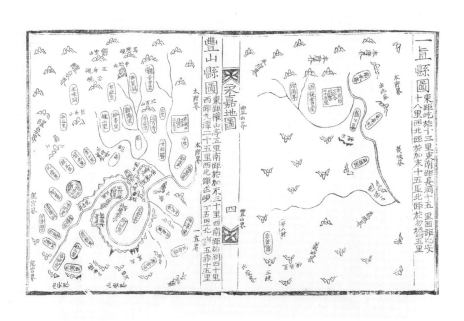

풍산현, 일직현 지도

병시金炳時 등이 참여하였다. 현재의 봉화 닭실마을[유곡酉谷]의 권상익權相翊도 간행 작업에 참여하였다.

『영가지』를 간행하기 위해 제작한 책판은 전체 127장 중 124장이 100여 년 동인 후손가에 선해져 오다가 현재 한국국학진흥원에 보관되어 있으며, 2015년 유네스코 세계기록유산으로 지정된 '한국의 유교책판'에 포함되어 있다.

책판의 크기는 대략적으로 세로 21~23cm, 가로는 40~58.0cm, 두께는 1.5~3.5cm 사이이며, 한 판당 무게는 1~2kg 정도이다. 판각한 지 오랜 시간이 지났으나 책판의 상태는 별로 흠잡을 때 없이 원 상태 그대로 깨끗하게 남아 있다.

『영가지』는 1937년에도 권상학의 아들 권영도權寧度에 의해 기존의 8권 4책에 <영가지 교정일기>를 부록으로 추가하여 다시 간행하였으며, 2001년 안동문화원에서 『(국역)선성지·영가지』, 2019년 안동향교에서 『(국역)영가지』를 각각 발행하였다.

영가지의 구성과 내용

1899년에 간행한 8권 4책의 『영가지』는 1791년에 청성서원에서 작성한 교정본의 항목과 내용이 모두 같다. 청성서원본의 내용을 그대로 하여 새롭게 글씨를 써서 간행한 것이다.

책의 맨 앞에는 1608년에 용만 권기가 지은 서문이 있으며, 이어 안동부의 중심부를 그린 본부도本府圖, 임하현도臨河縣圖, 길안현도吉安縣圖, 감천현도甘泉縣圖, 내성현도奈城縣圖, 일직현도一直縣圖, 풍산현도豊山縣圖, 개단부곡도皆丹部曲圖, 춘양현도春陽縣圖, 소천부곡도小川部曲圖, 재산현도才山縣圖의 순서로 당시 안동부 각 현과 부곡의 지도 11장이 아주 상세하게 그려져 있다. 이어 목록과 권1에서 권8까지의 본문과 마지막에는 김도화와 1899년에 류도헌이 쓴 발문이 있다.

『영가지』의 각 권별 구성 항목은 다음과 같다.

권1
연혁沿革, 읍호邑號, 각현연혁各縣沿革, 강역疆域, 진관鎭管, 계수관소속界首官所屬, 관원官員, 형승形勝, 풍속風俗, 각리各里, 호구戶口

권2
산천山川, 토품土品, 토산土産

권3
관우館宇, 누정樓亭, 성곽城郭

권4
향교鄕校, 단묘壇廟, 서원書院, 서당書堂

권5
향사당鄕射堂, 군기軍器, 역원驛院, 봉수烽燧, 도로道路, 제언堤堰, 관개灌漑, 진도津渡, 교량橋梁, 지당池塘, 임수林藪, 장점匠店, 장시場市

권6
고적古跡, 불우佛宇, 고탑古塔, 명환名宦, 임관任官

권7
성씨姓氏, 인물人物, 유우流寓, 우거寓居, 선행善行, 규행閨行, 민행民行, 효자孝子,

열부烈婦

권8

총묘塚墓

주요 내용을 보면, 권1의 연혁은 안동의 역사를 소개하였다. 고려 태조는 병산 전투에서 견훤과 싸워 승리하자 큰 공을 세운 김선평金宣平, 권행權幸, 장길張吉을 대광大匡, 대상大相으로 삼아 안동군을 안동부로 승격시켰으며, 고려 명종明宗 대에는 도호부, 신종神宗 대에는 안동 대도호부로 승격되었다는 기록이 있다. 1361년 공민왕이 홍건적을 피해 안동부에 머물렀을 때 안동 사람들은 모두가 정성을 다해 대접하여 공민왕에 의해 다시 대도호부로 승격되었으며, 조선시대에는 자식이 어머니를 죽인 패륜의 사건이 1576년에 안동에서 발생하여 현으로 강등되었다가 1581년에 상소하여 다시 부府로 승격되었다는 기록이 있다.

읍호에는 고타야古陀耶, 고창古昌, 창녕昌寧, 일계一界, 지평地平, 화산花山, 고령古寧, 고장古藏, 석릉石陵, 능라綾羅, 안동安東, 영가永嘉, 길주吉州, 복주福州 등 안동을 칭하는 14개의 지명이 적혀 있다. 강역 항목에는 안동은 '동서 150리, 남북 250리'라고 하고, 부와 현의 강역을 별도로 기재하였다. 동쪽은 진보, 남쪽은 의성, 서쪽은 예천, 북쪽은 정선과 통하며, 동서의 거리는 115리(약 60km), 남북의 거리는 250리(약 98km)이다.

관원 항목에는 안동부사는 정3품으로 병마첨절제사兵馬僉節制使를 겸임하고, 판관은 종5품으로 병마절제도위兵馬節制都尉이다. 영장營將은 무신武臣으로 정3품이며, 관속官屬 군관 90명, 아전 219명, 관노官奴 93명, 관비官婢 69명을 보유하고 있다는 기록이 있다.

형승 항목에는 경상도는 다른 어떤 도보다 경치가 뛰어난데 특히 안동은 경상도에서도 경치가 더욱 뛰어나다는 이석형李石亨의 '사청기射廳記'의 기록, 안동부의 이름난 성씨와 문중들이 전국적으로 명성을 떨쳐 장수와 재상을 역임한 인물이 많았으며, 토산품 또한 다른 고을에 비교되지 못한다는 김수온金守溫의 '관풍루기觀風樓記'의 기록, 안동은 지리적으로 빼어난 산수의 형세에 자리 잡고 있으며, 인물은 장수와 재상의 집이 수두룩하다는 내용의 정몽주의 '영호루시映湖樓詩'의 기록 등을 예로 인용하였다.

풍속 항목에는 안동 사람들은 부지런하고 검소하고, 예스러우며, 충신과 열녀는 남쪽 지방에서 가장 많이 배출된 곳이라 하였다. 또, 안동의 전통 놀이로 지금은 전해지지 않는 '석전石戰 놀이'를 언급하였다. 석전놀이는 팀을 나누어 서로 돌을 던져서 누가 먼저 달아나느냐에 따라 승부를 결정하는 놀이였으며, 임진왜란 때에도 돌을 잘 던지는 사람을 모집하여 전장에 나갔다는 기록이 있다. 석전놀이는 일제강점기 때에 사라졌다고 전해진다.

　　매년 정월 16일에 안동부의 가운데 흐르는 시내를 경계선으로 하여, 좌우로
　　나누어 돌을 던지면서 서로 싸워서 승부를 결정하였는데 이때 한 해의 풍년을
　　점친다. 적賊을 토벌할 때에 모집하여 선봉으로 삼았더니 감히 적이 나아오지
　　못하였다.

호구 항목에는 호구와 함께 전결田結, 군액軍額, 각사各司, 노비奴婢가 기록되어 있는데, 안동의 당시 호수는 5,587호, 전결은 밭 8,906결, 논 3,496결로 적혀 있다.

권2는 산천山川, 토품土品, 토산土産 등의 항목이 들어 있다. 산천은 안동의 주산 영남산을 시작으로 산, 하천, 봉峯, 현峴, 굴窟, 진津(나루), 연淵(못), 탄灘(모래사장), 계溪(시내), 정井(우물) 등을 자세히 기록하였다. 산의 지명 유래와 관련하여 현재의 안동시 와룡면에 위치한 와룡산(해발 461m)은 동쪽의 진산鎭山으로 '수다산水多山'으로도 불리다가 백담柏潭 구봉령具鳳齡(1526~1586)이 "산의 모습이 누운 용과 같다"하니 붙여진 이름이 있고, 안동시 남선면과 의성군

83

청량산 전경

단촌면의 경계에 있는 문필산文筆山(해발 545m)은 "신라 김생金生이 여기서 글씨를 배웠다"고 해서 붙여진 이름으로 전한다고 하였다.

토품과 토산 항목에는 각 지역에서 생산되는 토산품들이 상세히 기록되어 있다. 산천 항목 중 가장 많은 부분을 차지하는 산은 청량산이다. 청량산은 지금은 봉화군에 속해져 있으나 당시에는 안동부의 속현인 재산현에 속해 있었다.

청량산은 『영가지』의 산천 항목의 전체 내용 중에서 4분의 1의 분량을 차지한다. 그만큼 유적이 많고 경관이 빼어나 산에 대한 기록이 많았다는 것이다. 지금도 많은 사람이 찾는 청량산은 400여 년 전에도 '핫플레이스'였던 것이다.

김생金生이 글씨를 공부한 '김생굴', 최치원이 머무르고 독서했던 곳으로 전해지는 치원대, 치원암, 풍혈대 등의 유적과 주세붕, 이황 등이 지은 기록들이 다수 수록되어 있다. 청량산은 퇴계의 사후에도 제자뿐만 아니라 많은 이들이 유학의 성지로 여겨 유람하면서 많은 시문을 남겼다.

청량사

김생굴에서 바라본 청량사

김생굴

특히 퇴계 이황은 10대 때 숙부인 송재松齋 이우李堣
를 따라 50리 길을 걸어 처음으로 청량산에 오른 이후
평생을 산에 올라 학문을 닦았다. 청량산 자체가 그의
삶이자 이상향이었고 마음의 휴식처였다. 별호도 '청량
산인淸凉山人'이었다.

귀향 후 1555년 11월에는 청량산에서 한 달간 머물러
있으면서 '십일월입청량산十一月入淸凉山'이란 제목의 시
40구句를 지었다.

눈 내려 바위마다 봉긋봉긋 솟았는데,
그 위 달 비치니 더욱 깨끗하도다.
유인幽人은 앉아서 잠들지 아니하고,
차가운 연못 빛 암자에 비추네.
밤이 이슥하여 향내마저 사라지니,
그윽히 조용함을 진실로 얻었노라.

만길 높은 벼랑 위에 옮겨서 깃드니,
발아래 굽어보면 헤아릴 수 없구나.
병든 이 몸 험한 곳 두려워서,
자못 쇠한 나이에 거처가 불안하네.
소연히 산 아래 내려 보니,
구름 숲 멀리 몇 리인가

퇴계 이황의 '십일월입청량산十一月入淸凉山' 중

(『국역 영가지』 참고)

임청각

　권3은 관우館宇, 누정樓亭, 성곽城郭 등의 항목이 있다. 누정은 누각과 정자를 줄여서 일컫는 말이다. 누각은 손님을 접대하거나 경치를 즐기고 감상하는 건물이었고, 정자는 풍류를 즐기고 학문과 교육을 하며, 친목을 도모하는 빼어난 자연경관에 자리한 건물이었다.

　관풍루觀風樓, 영호루映湖樓, 영춘정迎春亭, 귀래정, 임청각 등 48개 누정의 위치와 누정에 대해 읊은 유명 인물들의 시문을 수록하였다. 현재는 존재하지 않는 누정이 상당히 많이 기록되어 있어 현재 남아 있는 누정의 역사뿐만 아니라 사라진 안동 누정의 역사를 『영가지』에서 파악할 수 있다.

권4는 향교, 단묘, 서원, 서당 항목이 있는데, 서원은 여강서원, 삼계서원, 병산서원 등 3개 서원의 역사를 기록하였고, 서당은 병산서원의 전신인 풍악서당豊岳書堂, 양파서당陽坡書堂, 도생서당道生書堂, 경광서당鏡光書堂 등 14개의 서당, 정사는 송암 권호문이 지은 청성정사靑城精舍, 한서정사寒棲精舍, 학봉 김성일이 지은 석문정사石門精舍, 겸암謙菴 류운룡柳雲龍의 겸암정사謙嵒精舍, 서애 류성룡이 지은 원지정사遠志精舍, 옥연정사玉淵精舍 등 6개 정사와 학봉 김성일이 지은 서재인 옥병서재玉屛書齋도 수록되어 있다.

권5는 향사당鄕射堂, 군기軍器, 역원驛院, 봉수烽燧, 도로道路, 제언堤堰, 관개灌漑, 진도津渡, 교량橋梁, 지당池塘, 임수林藪, 장점匠店, 장시場市 등의 항목으로, 당시 안동부의 재산 현황과 제반 시설, 상업 관련 내용이 수록되어 있다.

군기軍器 항목에는 안동부에 있었던 다양한 종류의 활과 화살, 칼, 총, 화약 등의 무기와 꽹과리, 소고, 나팔, 태평소 등의 악기, 의복류 등 군대에서 사용되는 각종 도구를 기록하였다.

역원驛院은 역과 원을 합한 것이다. 역은 말을 갈아타거나 말의 휴식 및 관리하는 곳이었고, 원은 관원들이 공무 시에 숙식을 제공하던 곳이었다. 특히 역원 항목에 수록된 '도솔원兜率院'의 기록이 흥미롭다. 도솔원은 안동부의 서쪽 20리에 있었다고 기록되었는데, 현재의 서후면 명리이다. 도솔원의 동쪽에 있었던 이 석불은 임진왜란이 일어나기 직전에 신기하게도 간장 같은 땀을 흘렸고, 배꼽에서도 땀이 샘물같이 솟았다는 기록이다.

장시場市 항목에는 10개의 시장을 기록하였는데, 장의 이름과 장이 서는 날까지 기록하였다. 당시 안동부의 성안 객사 앞에 있었던 부내장府內場, 임북의 미질장美質場, 부북의 옹천장瓮泉場, 임동의 편항장鞭巷場, 임서의 신당장新塘場, 길안현의 산하리장山下里場, 일직현의 귀미장龜尾場, 내성현의 내성장奈城場, 춘

봉정사

양현의 장동장獐洞場, 재산현의 재산
장才山場 등이 들어 있다.

권6은 고적古跡, 불우佛宇, 고탑古塔,
명환名宦, 임관任官 항목이 있다.

고적 항목에는 공민왕의 영호금액映
湖金額, 공민왕 교지敎旨 등 공민왕과 삼
태사三太師가 남긴 것으로 지금까지 전
해지는 유물들에 대한 자세한 설명이 있
으며, 안동부 소재 사찰로 당시에는 이
미 사라진 임하사臨下寺, 법림사法林寺,
법흥사法興寺, 법룡사 등 절터, 성황당토
성, 학가산성, 풍악산성, 길안석성, 청량
산성 등 성터 등이 실려 있다.

불우는 서악사, 성산사, 연비원불사,
봉정사, 광흥사 등 69개 사찰과 암자의
역사와 사찰을 방문한 여러 유명 인물들
의 시를 수록하였다. 고탑에는 법흥사
전탑, 법림사 전탑, 임하사 전탑 등 17
기의 전탑에 대한 기록이 있어 안동에
유달리 많이 있었던 전탑의 역사를 알려
준다.

전탑이란 흙으로 구운 벽돌로 쌓은 탑
을 말한다. 『영가지』에 기록된 전탑 중
법흥사전탑은 부성府城의 동쪽 5리에 있
는 7층 탑으로, 1487년도에 고쳐 쌓았으며, 탑의 위에는 금동 장식이 있었으나
철거하여 안동부 객사客舍에 사용하는 집기를 만들기 위해 녹였다고 한다.

법흥사지 칠층전탑

또한 법림사전탑法林寺甎塔은 부성府城 남문 밖에 있었던 7층 탑으로 법흥사전탑과 같이 상부에 금동 장식이 있었으나 1598년에 명나라 장군 양등산楊登山의 군인들이 철거했다는 기록이 있다. 7층의 임하사전탑臨河寺甎塔은 1487년에 관리들과 백성들이 힘을 합쳐서 고쳐 쌓았으나 1576년에 안동부사 양희梁喜가 파손하여 전탑의 벽돌을 객사客舍의 대청臺廳 바닥을 까는데 사용하였다고 한다.

명환名宦에는 고려 고종高宗 때 부사가 되어 안동의 백성을 부모같이 사랑하였고 신명처럼 받들었다는 유석庾碩의 기록과 공민왕이 안동에 내려와 머물러 있을 때 힘을 다해 정성껏 모시어 대도호부大都護府로 승격한 공로가 있었던 김봉환金鳳還 등 10여 명의 이름과 공적이 적혀 있다.

임관任官에는 안동의 역대 목사, 부사, 판관의 이름과 품계, 주요 이력, 부임 시기와 교체 시기까지 기록하였다. 1308년 목사로 부임한 조간趙簡(1308~1310)이 가장 앞에 수록되어 있으며, 황극중黃克中(1601~1602), 홍리상洪履祥(1602~1604), 김륵金玏(1604~1607)에 이어 1607년에 부임한 정구에 대한 기록이 맨 마지막이다.

권7은 성씨姓氏, 인물人物, 유우流寓, 우거寓居, 선행善行, 규행閨行, 현행見行, 효자孝子, 열녀烈女 항목이 있다.

성씨에는 토성土姓과 이주성移住姓을 구분하여 성과 본관을 기록하였으며, 인물에는 삼태사인 권행權幸, 김선평金宣平, 장길張吉을 시작으로 해서 류성룡柳成龍, 김복일金復一, 권우權宇 등 118명의 주요 인물의 가계와 약력 등을 기록하였고, 유우(타향에서 머물러 산 인물)는 2명을 기록하였다. 또 우거는 이자수李子脩, 남휘주南輝珠, 배상지裵尙志, 이증李增 등 17명, 선행은 이숙인李淑仁, 이문규李文奎 등 6명, 규행(행실이 뛰어난 부녀자)은 전주류씨 류성柳城의 부인 문소김씨, 안처인安處仁의 부인 순천김씨 등 7명을 기록하였다.

현행見行(행실이 뛰어난 인물)은 권명리權明利, 김용석金用石, 김수일金守一, 김언기金彥璣, 권대기權大器 등 17명, 효자는 권백종權伯宗, 김자수金自粹, 김시좌

金時佐 등 11명, 열녀 3명 등 전체 181명의 인물을 수록하여 안동 주요 인물들의 면면과 함께 안동 사람들의 유교 윤리 실천을 보여준다.

권8은 총묘塚墓와 총담叢談 항목이 수록되어 있다.

총묘는 안동 출신 저명한 인물들의 무덤 위치와 무덤 주인의 묘갈墓碣, 묘지명墓誌銘, 만장輓章 등을 함께 기록하였다. 이어 마지막의 총담 항목은 안동의 구비전승을 채록한 것인데, 간행본의 목차에는 제목만 표기되어 있다. 목차의 '총담' 하단에는 '부등不騰'으로, 베껴 쓰지 않았다고 기록되어 있을 뿐 실제 내용은 없다.

1608년에 편찬이 완성된 초고본과 1899년 간행본은 내용과 항목의 차이를 보이고 있다. 전체의 체제는 8권 4책으로 같으나 이동한 항목이 많으며, 항목 안에서도 반 정도 내용을 줄인 것도 많다.

1608년 초고본의 항목

1899년 간행본의 항목

95

영가지 속 옛 안동 기록

공민왕과 영호루 편액

공민왕은 1361년 12월 홍건적의 난을 피해 1362년 2월까지 안동에 머물면서 영호루를 자주 방문했다. 영호루에서 활을 쏘거나 뱃놀이를 하면서 적적한 마음을 달래기도 했으며 공민왕을 위해 안동의 관료들과 백성들은 영호루에서 연회를 베풀기도 했다. 짧은 기간 동안 안동에 머물면서 안동 사람들은 모두가 정성을 다해 공민왕을 대했다. 이러한 모습에 큰 감동을 받은 공민왕은 개성으로 돌아간 후에도 안동과 안동 사람들을 잊지 않았다. 공민왕은 몇 년이 지나 1366년에 영호루의 편액 글씨를 써서 신하 권사복權思復에게 주어 안동부에 전달하도록 했다. 공민왕의 편액 글씨를 걸기에는 영호루의 누각 규모가 너무 작아서 1368년에 물가 쪽으로 영호루를 확장하였고, 공민왕 글씨를 금칠하여 편액으로 걸었다.

공민왕의 편액 글씨는 영호루뿐만 아니라, 안동웅부安東雄府, 봉정사 진여문眞如門, 청량사 유리보전琉璃寶殿, 부석사 무량수전無量壽殿 등이 남아 있다.

공민왕의 자취가 남아 있었던 영호루에는 이후 수많은 저명 인물들이 찾아

풍류를 즐겼고, 안동과 영호루의 경관에 대해 읊은 많은 시를 남겼다. 영호루 편액의 원본은 지금은 안동 민속박물관에 보관하고 있다. 영호루의 편액이 1368년 당대의 것인지, 이후 잦은 수해를 당해 사라진 것을 탁본한 글씨나 남은 원본 글씨로 다시 만든 것인지는 알 수 없다. 그러나 공민왕이 남긴 글씨와 안동을 향한 각별한 애정은 이러한 기록을 통해서도 느껴진다.

『영가지』 '영호금액' 부분

영호금액映湖金額(『영가지』 권6 고적古蹟)

공민왕恭愍王이 직접 썼으며, 황금으로 칠하여 강산을 더욱 밝고 빛나게 하였다. 1547년에는 홍수가 크게 나서 이 황금 편액 글자는 물에 떠내려가 김해부까지 닿았는데, 김해 사람이 주워 올려보내어 다시 영호루에 걸게 되었다. 1597년에는 청나라군이 파손시킨 것을 1602년에 안동부사 황극중黃克中이 보수하였고, 1603년 안동부사 홍리상洪履祥이 다시 금칠을 하였다. 1605년 가을에 큰 홍수로 누각 건물과 함께 떠내려갔는데 부사 김륵金玏이 낙동강 주변에 있는 각 관청마다 공문을 보내어 찾도록 하였으나 아직 찾지 못하였다. 세 글자의 판본板本(공민왕 친필 글씨)은 본부本府에 있다.

서악사에서 본 영호루(출처: 국립중앙박물관)

공민왕 글씨로 알려진 영호루 편액

공민왕이 안동에 남긴 유물

『영가지』에는 공민왕이 남긴 영호루 편액 글씨뿐만 아니라 안동에 남긴 공민왕의 유물에 대한 다음과 같은 기록이 있다.

복주목사福州牧使 광도光道에게 교서敎書를 내린다.

올린 전문牋文을 보니 홍건적紅巾賊을 잡은 것을 경하한 사실은 잘 알았다. 궁지에 몰린 도적들이 와서 독을 퍼뜨리는 것이 마치 벌이나 전갈과 같겠으나 의병들이 이르는 곳마다 위엄을 떨치는 것이 어찌 천둥과 우레뿐이었겠는가? 이제 의병들이 승리한 것을 아뢰고, 기쁘게 돌아오는 때에 네가 서둘러 전문牋文을 올려 경하하였던 것을 가상하게 여기는 바이다. 이에 교서를 보이는 것이니, 마땅히 잘 알리라 생각하노라.

봄 날씨가 따뜻한데 경卿은 근래에 더욱 편안하게 잘 보내는가? 글로 보냄이 뜻대로 다 적지 못한다.

지정 20년(1360) 3월 일

광도光道의 성姓은 정鄭이다.

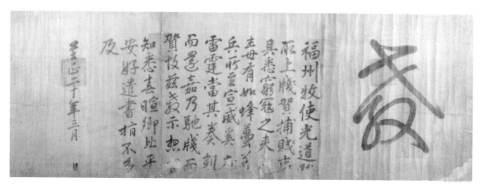

징쾽토 교서(출서·문와새청)

위의 글은 공민왕이 복주목사 정광도에게 내린 교서이다. 『영가지』권6의 〈임관任官〉조에 정광도의 품계는 대중大中, 지정 기해년(1359)에 부임하여 경자년(1360)에 교체되었다는 기록이 있으며, 18세기에 작성된 『안동선생안安東先生案』에는 1359년 5월부터 1360년 4월까지 재임했다는 기록이 있다. 교서는 국왕이 내리는 명령서, 훈유서, 선포문 등을 일컫는다. 1360년에 발급한 이 교서는 『영가지』권6 〈고적古蹟〉항목 중에서 공민왕의 쓴 영호루 편액에 이어 두 번째로 실려 있으며, 1967년에 보물로 지정된 〈안동 태사묘 삼공신 유물 일괄〉에 포함된 교서와 내용이 일치한다.

공민왕은 이 교서에서 정광도가 올린 문서로 홍건적을 물리친 사실을 알게 되었고, 적군을 독벌레에 비유하고 이를 물리친 아군을 천둥에 비유하였다. 이 시기에 관원들은 고려군이 홍건적을 물리친 것을 공경하며 축하해준 전문을 공민왕에게 올려보냈는데 정광도도 이때 올렸다. 공민왕은 안동부사 정광도가 올린 것을 가상히 여겨 기뻐하면서 이 교서를 정광도에게 보내었다.

또한 공민왕은 안동부에 옥대玉帶와 옥관자玉貫子, 은식기, 은수저, 비단과 같이 왕실용으로 사용되는 18종류의 고급 식기류와 의복류도 하사했다. 안동에 대한 공민왕의 사랑과 당대 최고의 물품을 하사함으로써 안동의 위상을 높여준 뜻이 담겨 있는 물품이다.

안동의 안기역安奇驛의 관리에게도 여러 종의 물품을 하사했다. 이때 하사한 물품 내역은 『영가지』의 고적古蹟 항목에 기록되어 있다. 권태사가 남긴 유물도 기록하였다.

공민왕이 안동부에 머물렀을 때 내려준 물건들

옥대玉帶 1개, 옥관자玉貫子 1쌍, 은식기 1개, 은수저 1벌, 색화백단色花白段 4개, 색홍단色紅段 4개, 색남단色籃段 2개, 색초록단色草綠段 2개, 금선단金縇段 3개, 단홍금선단丹紅金縇段 1개, 왜색화문단倭色花文段 1개, 향낭香囊 7개, 홍색주紅色紬 1개, 청황적백색青黃赤白色의 화문단花文段 1개, 청동과 쇠로 여지무늬를

장식한 금대金帶 1개, 모란무늬 금대 1개, 검은 색 물소뿔 대 1개, 상아로 만든 홀 1개 등은 안동부사에 간직되어 있다. 또 받침을 포함한 놋잔 14개를 안기 역리安奇驛吏에 하사하였다.

권태사가 남긴 유물들

옥피리 1개, 여지荔枝 무늬 금대金帶 1개, 주홍색 나무잔 1개 등이 안동부사에 간직되어 있다. 공민왕의 옥관자와 권태사의 금대는 상호장上戶長이 의례를 거행할 때 지금까지 사용한다.

옥피리는 태사太師의 옛 물건이라 하지만 의심스럽다. 이것은 고려왕이 남긴 것은 아닐까?

공민왕이 하사한 모란금대

유물 중 특히 공민왕이 하사한 것으로 전해지는 모란금대는 모란 무늬의 금동 장식판이 부착되어 있다. 모란금대의 구조는 『악학궤범樂學軌範』에 있는 금동녹혁대金銅綠革帶, 오정대烏鞓帶, 처용무복의 대와 같은 것으로, 허리띠 안쪽에 보조대가 달려있는 야자대也字帶이다.

공민왕이 하사한 유물과 권태사가 남긴 유물은 『영가지』에 기록된 것이 모두 전해지지는 않는다. 정광도가 받은 교서를 포함해 안동 태사묘에 보관된 유물 12종 22점이 보물 제451호로 지정되어 있다. 유물은 붉은색 잔 1점, 꽃무늬 수놓은 비단 1점, 꽃무늬 비단 6점, 검은 관모 1개, 가죽 신발 1켤레, 비단부채 1개, 구리 육면체 도장 2개, 놋쇠로 만든 합 1개, 옥관자 1개, 허리띠 4개, 교지 1점, 동 숟가락 1개와 동 젓가락 3개 등이다.

우리나라에서 가장 오래된 종, 원래 안동에 있었다

성덕왕聖德王 24년(725)에 만들어졌다는 기록이 종에 새겨져 있는 상원사 동종(국보 제36호)은 현존하는 한국의 종 중에서 가장 오래된 종이다. 경주의 성덕대왕신종(에밀레종)이 771년 12월에 완성되었으니, 상원사 동종은 45년쯤 앞서 만들어졌다.

높이 167cm인 상원사 동종의 윗 부분에 있는 볼록한 종의 꼭지[유두乳頭]는 원래 36개였지만 35개만 남아 있다. 종의 윗부분 동서남북 방향에 네모 모양으로 4개의 테두리가 있는데, 이를 유곽乳廓이라고 하며, 이 유곽 속에는 각 9개씩 36개의 볼록한 꼭지가 돌출되어 있다. 이를 유두乳頭라고 한다. 유두는 종의 소리 울림을 은은하게 하고, 아름다운 소리를 멀리까지 울려 퍼지게 하는 음향 장치이다. 유곽과 유두는 한국의 종만이 가지고 있는 고유한 특색이다.

『영가지』에는 강원도 오대산 상원사 동종이 원래는 안동에 있었다는 흥미로운 사실과 유두 중 한 개가 떨어져 35개인 상원사 동종의 비밀도 기록되어 있다.

時甚重人牛不能曳運艱致碓下當其搗紙
濕而不能搗以為神靈所守卽運致于故處石
甚輕去時五六日之久來不過半日云戊戌天將薛
虎臣造磨豆石方村工斷釘雷電大作雲霧晦
驚惶其由則府人答以此石本府創在石面打釘經
白古有靈異如此卽止之石而釘尙在棟桂石城在
南門外一里許磨石如練高一仞許許經過此里曰立
倚亞雞羊磨礪

樓門古鐘達可聞百里江原道上元寺乃內願堂
也欲置達聞之鐘求八道本府之鐘島最成化已丑
以國命將移運踰竹嶺鐘幽呪極重難越折鐘乳
等事以商令之主鎮不可無鐘以臨河東定罷
送本府後可運至今在上元寺後凡動軍人
白鐘換下臨河寺懸之亦不合之巨鎮鐘
蓮寺取仁巖中鐘懸之今之樓鐘移于央林寺小漏
重三千七十九斤撞之則聲音難亮
鐘重可聞百里閒
是也日南塚

『영가지』의 '누문고종樓門古鐘'

유두 하나가 떨어져 있는 싱원사 동종

예종은 1469년(예종 1)에 죽은 아버지 수양대군(세조)의 명복을 빌기 위해 상원사를 원찰願刹로 삼았다. 그리고 상원사에 비치하기 위해 종을 구하던 중 우리나라에서 가장 우렁차고 아름다운 소리를 가졌다고 알려진 종을 구해 곧 상원사로 옮겼다. 그 종이 바로 안동부 관아에 있었던 종이었다. 종의 울림은 무려 40km까지 나갔다고 한다.

나라의 명으로 2톤에 달하는 거대한 종은 안동에서 강원도 오대산까지 150km나 되는 먼 거리를 운반해야만 했다. 많은 사람들과 짐승, 수레가 동원되었다. 그러나 안동 관아를 출발하여 40km 지나 죽령 고개에 이르자 갑자기 슬프게 우는 듯한 종소리가 들렸고, 마침 수레도 잘 움직여지지 않았다. 사람들은 수백 년 동안 안동을 지킨 종이 안동을 떠나기 싫어 슬피 우는 것으로 생각하고, 종의 꼭지를 하나 떼어내고 안동부에 돌려보냈다. 얼마 뒤 종은 우는 소리를 멈추었고 수레도 잘 움직였다. 이것은 『영가지』에 상세하게 기록되어 있다. 이 기록이 『영가지』에 기록되지 않았더라면 상원사 동종이 안동으로부터 옮겨간 것이고, 동종에 꼭지 하나가 떨어진 이유도 몰랐을 것이다.

누문고종樓門古鍾(『영가지』 권6 고적)

무게가 3,379근이다. 치면 소리가 웅장하게 울려 멀리는 100리까지 들을 수 있다. 강원도 상원사上元寺는 내원당內願堂으로 멀리서도 들릴 수 있는 종을 전국에서 구하였는데 안동부에 있는 종이 가장 좋다는 것을 알았다. 성화成化 기축년(1469)에 나라의 명으로 종을 옮기게 되었는데 죽령竹嶺을 넘을 때 종이 깊이 울부짖고 매우 무거워져서 넘어가기가 어려웠다. 그래서 종유鐘乳를 떼어내어 안동부로 돌려보냈는데 그때서야 움직일 수가 있었다. 종은 지금 상원사에 있다.

청량산 삼각묘와 청량산성 축조

신라 문무왕대(663)에 원효대사가 창건한 청량산 연대사蓮臺寺는 30여 개의 암자를 거느린 큰 사찰이었으나 언제부턴가 연대사는 터만 남게 되었고, 연대사의 부속 건물인 유리보전이 '청량사'라 불리며 청량산을 대표하는 사찰이 되었다.

『영가지』에는 연대사의 세뿔무덤[삼각묘三角墓]에 관한 재미있는 이야기가 수록되어 있다. 참의參議 남민생南敏生이라는 자에게 소 한 마리가 있었는데 세 개의 뿔이 달린 송아지를 낳았다. 송아지는 금방 자라 크기가 낙타만 하여 힘이 세

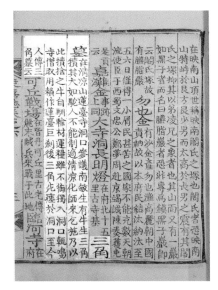

『영가지』의 '삼각묘三角墓'

졌고 성질마저 사나워져 여러 사람의 힘으로도 다룰 수가 없을 정도가 되었다.

어느 날 집을 방문한 청량 화사化師에게 이 송아지를 시주로 주었다. 송아지는 그 뒤로 스스로 길 들여져 절에 사용하는 나무와 양식을 운반하였으며, 어느 누가 시키지 않아도 스스로 골짜기 입구에 들어가 울곤 했다. 절의 중들은 이 송아지의 많은 도움과 희생으로 '연대사'라는 큰 절을 지을 수 있었기 때문에 송아지가 죽게 되자 골짜기 입구에 묻어주기로 하였다. 그 무덤을 세뿔무덤[삼각묘三角墓]이라 불렀다.

임진왜란 중이던 1595년에 체찰사 이원익李元翼은 전 현감 이정회李庭檜와 승장僧將 행정行靖에게 명하여 청량산 자소봉紫霄峰에 산성을 다시 축조하도록 하였다.

청량산 봉우리

동문은 경일봉擊日峰의 꺾어져 돌아가는 곳, 북문은 선학봉仙鶴峰의 절벽 있는 곳, 서문은 연화봉蓮花峰 기슭, 남문은 연대蓮臺 앞의 위치에 있는 협곡에 내었다. 또 금탑봉金塔峰 북쪽 절벽에는 도청都廳 다섯 칸을 지었다. 그리고 봉우리 위에 활짝 트여 있어 전황을 살피기 가장 좋은 위치에 장대將臺를 짓고자 생각했다. 나무를 베어 터를 다듬으려고 하는데 화창하던 날씨가 갑자기 어두워지기 시작했다. 사나운 비바람과 함께 천둥 번개를 동반한 낭벼라이 온통 산과 계곡을 뒤흔들어 쌓아두었던 목재와 기와가 모두 날아가 버렸고, 작업자들은 겁에 질려 바위 밑에 모두 엎드려 숨었다.

잠시 뒤에 날이 개었는데 놀랍게도 바위 밑에 엎드렸던 사람들은 경일봉 아래로 옮겨져 있었고, 금탑봉의 노송 여섯 그루가 부러졌으며, 놀란 짐승들이 수없이 절벽에서 떨어져 죽어 있었다. 비로소 청량산의 산신령이 이 일을 싫어하는 것임을 알고 북쪽 절벽에 장대를 옮겨 지으려던 계획을 포기하였다.

광암석과 그 외 이야기

『영가지』의 권6 〈고적古蹟〉 항목 중에는 안동의 유적이나 자연의 기이한 현상을 기록한 것이 다수 수록되어 있다.

그 중 '광암석廣巖石'이라는 돌은 안동부 성의 서문 밖 200미터 되는 거리에 있었다. 아마 현재 가톨릭상지대학교 근처가 아닐까 싶다. 그 돌은 둘레가 5미터, 지름이 1.2미터쯤 되었으며, 돌의 모양은 둥글고 편평했으며, 널찍하면서도 번듯했다고 한다.

안동부가 생긴 모양이 전체적으로 동서로 뻗쳐나가는 것이 마치 배가 가는 형태이므로 배의 길을 조정하는 '키'처럼 안동부의 흔들림을 진정시키거나 조정한다는 뜻으로 이 돌을 안동부의 중앙에 설치하였다.

1576년 안동현감 서익徐益(1576~1578년 재임)은 종이를 제조하기 위해 쓰이는 방앗돌을 만들기 위해서 이 광암석을 갈고 다듬어 성안으로 옮기려고 했다. 그러나 돌의 무게가 이상하게도 너무 무거워져 많은 사람과 말과 소를 동원했는데도 옮기는 데 어려움을 겪었다.

돌을 옮긴 이후에도 희한한 일이 일어났다. 종이를 찢으려고 하니까 돌에서 땀이 주르르 흘렀다. 종이는 물에 젖어 축축해졌고 잘 찢어지지도 않았다. 모두가 예사롭지 않은 돌이라 여겼다. 이 때문에 다시 원래의 위치에 옮겨놓으려고 들었는데 신기하게도 돌이 가벼워졌다. 가지고 올 때는 5~6일씩이나 걸려 무척 힘들었는데, 겨우 한나절 만에 쉽게 제 자리에 되돌려 놓았다. 또 1598년에는 지원병으로 와서 안동에 잠시 주둔했던 명나라 장수 설호신薛虎臣이 콩을 갈기 위한 맷돌을 만들려고 광암석을 사용하려고 했다. 석공을 동원하여 정으로 돌을 쪼았는데 갑자기 구름과 안개가 엉켜 어두워지더니 천둥과 번개가 크게 일었다. 크게 놀란 설호신이 그 까닭을 물으니, 안동의 사람들은 "이 돌은 안동부의 진석鎭石이라 보통 돌과는 다릅니다"라고 말하였고, 영험한 돌이라 여겨 설호신은 곧 작업을 멈추었다.

이외에도 『영가지』에는 연비원불사燕飛院佛寺, 개목사開目寺 등 사찰의 역사와 이야기를 소개해주고 있다. 연비원불사는 '제비원석불'로 일반적으로 알려져 있는 '안동 이천동 마애여래입상'(보물 제115호)이다. 높이가 약 12.4m, 너비가 7.2m나 되는 거대한 석불상이다. 연비원은 절의 이름이 아니라 관원들이 공무 시에 숙식을 제공하던 객사의 이름이었고, 그 가까이에 있었던 사찰이라 해서 '연비원불사'라고 하였다.

연비원불사에 대한 기록으로는 큰 돌을 세워 불상을 만들었는데 높이가 10여 장丈이나 되었으며, 여섯 칸의 누각으로 위를 덮었는데 집 모양이 마치 하늘에 날개를 펴는 듯하였다고 한다. 새가 날개를 펴는 것과 같은 모양을 한 누각이 제비원석불의 위를 덮었음을 알 수 있다. 또한 석불은 634년에 만들었다는 기록도 있다.

제비원석불

개목사開目寺는 안동부 서쪽 30리 떨어진 천등산天燈山에 있었는데, 당시 일반에 전해 내려오길 안동에 눈이 보이지 않는 사람들이 많이 살았는데 이 절을 짓고 비보사찰裨補寺刹이 된 이후부터는 백성들의 눈병이 사라졌다 해서 '개목사'라고 하였다고 전한다.

또한 삼백암三百庵이라는 암자는 풍산현 북쪽으로 10리 떨어진 곳에 있었는데, 전해지기를 신라가 성하였을 때 국왕이 불교를 좋아해서 풍산현에 절이 300개에 이르렀으나 고려가 삼한三韓을 통합하면서 절을 다 없애고 여러 사찰을 이 절로 합하였다고 해서 이름을 '삼백암'이라 하였다고 한다.

민간신앙과 관련해서 삼첩석三疊石, 이첩석二疊石의 기록도 흥미롭다. '삼첩석'은 부사府司의 문 안에 있었는데 형태는 보릿짚 삿갓과 비슷했다. 늙은 아전들에게 전해지는 말로는 관리들이 번성하고 쇠퇴하는 것을 위해 세웠다고 하며, 이를 건드리는 사람은 반드시 관재官災를 당한다는 기록이 있다. '이첩석'은 관청의 서쪽 담 모서리에 있었으며, 두 개의 돌을 갈아서 서로 맞추어 겹쳐 쌓았는데, 이 역시 건드리면 관재를 면하기 어렵다는 기록이 있다. 안동에 전해지는 민간신앙 형태를 보여주는 중요한 기록이다.

학가산성鶴駕山城은 안동부의 서쪽 30리 지점에 있었는데, 산꼭대기에는 두 개의 성이 있었는데, 전해지기로는 국왕이 머무른 곳이라고 하며, 산성 동쪽의 성 안에는 대궐과 육조六曹 터가 있었다는 기록이 있으며, 길안석성吉安石城은 둘레가 700보로, 당시에는 퇴락하여 무너졌는데 위쪽에는 성황당城隍堂이 있어 마을 사람들이 매년 입춘에 재실을 설치하고 온갖 놀음으로 풍년을 빌었다는 기록이 있다.

안동댐

하늘에서 본 안동

1608년과 현재의 안동을 이어주는 타임머신

　서애 류성룡의 권유로 1602년에 용만 권기가 편찬 작업을 시작한『영가지』는 1608년에 초고본의 편찬을 마쳤다. 『영가지』는 당시에는 목판본으로 간행하여 보급되지는 않았지만 안동 사람들의 노력으로 편찬 후 300여 년이 지난 1899년에 간행하게 되었다.

　『영가지』는 편찬 후 수백 년이 지난 지금까지도 안동의 역사와 수많은 과거 정보를 오늘날까지 이어주는 타임머신이 되어주고 있다. 잊혀질 수도, 사라질 수도 있었던 당시의 기록뿐만 아니라 1,000년 전 또는 그 이상의 기록이 담겨 있는 중요한 기록유산이다.

　『영가지』를 오늘날까지 이어준 데에는 안동의 유구한 역사와 풍부한 자연유산과 유적, 훌륭한 인물이 많이 배출되었기 때문이었다. 또한 무엇보다도 안동 지리지 간행에 대한 안동 사람들의 많은 관심과 열망이 있었고, 시간이 지날수록 안동의 역사가 점점 사라져가는 것을 원치 않았던 안동 사람들의 애향심, 안동의 역사가 계속 이어져 후세에게 전하고자 했던 염원이 있었기 때문이었다.

　서애 류성룡은 관직에서 물러나고 안동으로 귀향한 후 임진왜란 전후의 상황을 정리하여 기록한 『징비록』을 저술하였다. 류성룡은 국가의 미래를 위해 『징비록』을 저술했던 것처럼, 고향 안동의 현재와 미래를 위해서는 지리지가 필요하겠다고 생각하고 그 윤곽을 그려 제자인 권기에게 편찬을 권유하였다. 류성룡의 애향심과 미래를 대비하는 정신이었다.

권기는 적지 않은 나이와 『안동권씨족보』 등의 편찬 작업으로 심신이 많이 지쳐있었던 상태에도 불구하고 스승인 류성룡의 요청을 수락하며 『영가지』의 편찬 작업에 몰두하였다. 당시 권기의 상태는 그의 문집에 수록된 여러 시에서 보여준다. 『안동권씨족보』에 이어 15년 동안 계속되는 글 작업의 후유증으로 눈병이 걸려 만년에는 집 밖에 출입조차 할 수 없던 상태로 지내다가 세상을 떠났다. 안동을 기록하여 후세에 전하고자 했던 것은 류성룡의 염원이자 권기의 염원이기도 했다. 권기의 헌신과 열정이 있었다.

류성룡의 갑작스런 별세와 병마저 점점 심해져 가자 『영가지』의 편찬 작업은 일시적으로 중단되었다. 그러나 때마침 한강 정구가 1607년에 안동부사로 부임하였다. 그는 여러 지방의 지방관으로 있으면서 지역 지리지의 중요성을 누구보다 잘 알고 있었다. 부임 후 얼마 지나지 않아 권기를 불러 『영가지』의 초고본을 열람하고, 안동부 청사의 조용한 곳에 '지지청'이라는 임시 공간을 설치하여 『영가지』의 완성에 집중하도록 지원하였다. 이때 안동 각 문중의 지식인 10명을 선발하여 권기를 비롯한 이들의 노력으로 체제와 항목을 가다듬어 1608년에 편찬이 완성되었다. 정구의 적극적인 지원과 지역 지식인들의 노력이 있었다.

1791년 겨울에 청성서원 원장으로 임명된 김굉은 『영가지』의 간행에 적극적이었다. 청성서원에서 권기의 친필 초고본이 계속 전해져 왔고, 『영가지』는 다른 어떤 지리지보다 안동에 대한 풍부한 내용을 담고 있었다. 또한 김굉은 『영가지』를 간행하여 많은 이들에게 보급해야 했고, 빠진 부분과 추가할 부분이 있어 교정이 필요하다고 생각하였다. 얼마 후 많은 안동의 선비들을 선발하여 교정 작업을 마침으로써 오늘날 『영가지』를 볼 수 있는 밑거름이 될 수 있었다. 김굉의 관심과 간행에 대한 의지, 지역 사회의 노력이 있었다.

이후 1899년에 권기의 후손인 권상학, 권상택과 지역 선비들의 노력과 많은 재정적 도움으로 목판을 판각하여 인출까지 마쳤다. 『영가지』의 첫 편찬 후 300여 년이 지난 시점이었다. 서애 류성룡, 한강 정구, 용만 권기, 서원 원장 김굉과 많은 안동 사람들의 노력은 비로소 세상에 전해지게 되었다. 또한 수백 년 동안 초고본과 교정본, 『영가지』 책판 등이 고스란히 전해질 수 있었던 것은 권기의 후손과 문중, 지역 사회의 보존과 간행 의지가 있었기 때문이었다.

이렇게 『영가지』는 많은 안동 사람들의 노력으로 1608년과 현재를 이어주는 타임머신이 되었다.

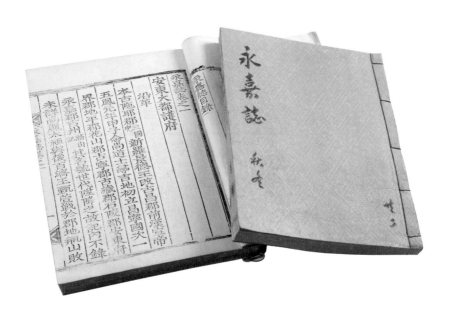

참고문헌

권 기, 『영가지』 8권 4책
권 기, 『용만집』 2권 1책
김광계, 『매원일기』
국립중앙도서관, 『지리지의 나라 조선』, 2016.
안동향교명륜회, 『(국역)영가지』, 2019.

김학수, 「정구의 학자 · 관료적 삶과 안동부사 재임」, 『영남학』 Vol.17, 2010.
김현영, 「조선시대 읍지편찬에 나타난 지역인식을 중심으로」, 『안동학연구』 Vol.3, 2004.
임세권, 「영가지, 안동의 가장 오래된 종합인문지리지」, 『안동학』 Vol.15, 2016.
조현설, 『제비원』, 한국국학진흥원 기획, 민속원, 2021.
최윤진, 「16, 17세기에 편찬된 경상도의 사찬 읍지」, 『전북사학』 Vol.17, 1994.

안 동
문 화
100선

●❷⓿

영가지

초판1쇄 발행 2022년 12월 12일

기 획 한국국학진흥원
글쓴이 우진웅
사 진 류종승
펴낸이 홍종화

편집 · 디자인 오경희 · 조정화 · 오성현 · 신나래
          박선주 · 이효진 · 정성희
관리 박정대 · 임재필

펴낸곳 민속원
창업 홍기원
출판등록 제1990-000045호
주소 서울 마포구 토정로25길 41(대흥동 337-25)
전화 02) 804-3320, 805-3320, 806-3320(代)
팩스 02) 802-3346
이메일 minsok1@chollian.net, minsokwon@naver.com
홈페이지 www.minsokwon.com

ISBN 978-89-285-1776-3
S E T 978-89-285-1142-6 04380